中小学信息科技教学的思与行

王菁 著

中国商业出版社

图书在版编目（CIP）数据

中小学信息科技教学的思与行 / 王菁著. -- 北京 :
中国商业出版社, 2023.12
ISBN 978-7-5208-2717-1

Ⅰ. ①中… Ⅱ. ①王… Ⅲ. ①计算机课 – 教学研究 –
中小学 Ⅳ. ①G633.672

中国国家版本馆CIP数据核字（2023）第224364号

责任编辑：杨善红

中国商业出版社出版发行

（www.zgsycb.com 100053 北京广安门内报国寺1号）

总编室：010-63180647 编辑室：010-83125014

发行部：010-83120835/8286

新华书店经销

定州启航印刷有限公司印刷

*

710 毫米 ×1000 毫米 16 开 15.5 印张 214 千字

2023 年 12 月第 1 版 2024 年 1 月第 1 次印刷

定价：78.00 元

* * * *

（如有印装质量问题可更换）

前　言

进入 21 世纪，人们步入了一个信息化、网络化的时代，信息科技成为推动社会发展的重要力量，对于人们生活中的各个方面都产生了十分深远的影响。在此背景下，信息科技教学在中小学教育教学体系中的地位日益显著，成为提升学生综合素质，培养学生创新思维和技术技能的重要途径。因此，如何在中小学阶段为学生提供有效的信息科技教学，以培养学生的信息素养和科技创新能力，成为教育工作者面临的重要任务。

鉴于此，笔者撰写了本书，其理论意义和实践价值不言而喻。笔者在本书创作过程中，在内容编排上共设了七章，各章节内容如下。

第一章：主要界定了信息科技教学的相关概念，厘清了教学过程和原则，同时阐述了中小学信息科技教学的特点与功能，为后续的讨论奠定了基础。

第二章：深入探讨了中小学信息科技课程教学目标的内涵与功能，讨论了教学目标的分类与编写，并提出了落实教学目标的具体路径。这部分的讨论，将有助于教师制订更有效的教学计划，提升教学效果。

第三章：紧紧围绕中小学信息科技教学内容进行阐述，包括教学内容的重点与难点，以及教学内容的拓展与延伸。这将帮助教育工作者设计富有深度和广度的教学内容，激发学生的学习兴趣和潜力。

第四章：主要论述了中小学信息科技教学中使用频率比较高的几种教学方法，包括任务驱动教学法、创客教学法、项目教学法、案例教学法、游戏教学法，从而使读者更好地认识各个教学法的优势与具体操作方法。

第五章：对中小学信息科技教学中的新型教学模式进行了论述，主要包括支架式教学模式、“5E”教学模式、翻转课堂教学模式、生活化教学模式、微课教学模式。本书分析了这些教学模式的优越性和适用性，以便教育工作者在实际教学中选择更有针对性的教学模式。

第六章：对中小学信息科技教学评价展开了全方位的论述，先介绍了中小学信息科技教学评价的原则和制定依据，接着又介绍了多样化的教学评价方式。

第七章：以核心素养为导向，对中小学信息科技教学进行了阐述，详细介绍了核心素养的内涵、特征及分类，并提出了基于核心素养培养的中小学信息科技教学策略。这将有助于教育工作者更好地找到并把握中小学信息科技教育与核心素养教育有机结合的契合点，从而提升学生的综合素质。

由于笔者知识和水平有限，书中存在错漏之处在所难免，恳请各位领导、专家、教师同行及阅读本书的朋友们多提宝贵意见，以便笔者不断改进与完善。

王　菁

目 录

第一章 概述

第一节 相关概念界定

一、信息

（一）信息的概念

在日常生活中，无论是人们基本的衣食住行，还是社会交往，甚至是科技进步、经济繁荣和社会发展，都离不开各种信息。例如，人们通过天气预报来决定当日的穿戴，新闻消息帮助人们了解世界的动态，商品广告为人们的消费决策提供参考，等等。

克劳德·香农（Claude Shannon），是信息论的创始人和美国数学家通信工程师，在其《通讯的数学理论》中给出了信息的定义："信息是二次不定性之差。"[①]这一定义有助于消除人们对事物认识上的不确定性。在通信领域，信息被视为通信的关键内容，通信的目标在于消除接收者对某种事物的不确定性。这里的"不确定性"指的是当人们对某种客观事物不了解，对其缺乏必要的认识时，他们对该事物的认识状态就是"不

① E C.Shannon A mathematical theory of communication[J]. Bell systems technical journal, 1948, 27(4): 623-656.

清楚的”，这正是人们认识上的不确定性。而当人类通过采取一系列方法和手段，开始了解这些事物的相关情况，他们对这些事物的认识状态就会从模糊转向清晰，甚至完全明了，这种过程就是不确定性的减少或消除过程。

美国数学家诺伯特·维纳（Norbert Wiener），作为控制论的创始人，在《人有人的用处：控制论和社会》一书中进一步精细化并延伸了信息的定义，即“信息是人们在适应外部世界，并使这种适应作用反馈至外部世界的过程中，与外部世界进行交流的内容”。[①] 这一概念将信息提升到了一个更广泛的层面，揭示了信息的本质含义。在控制系统中，信息流动和信息交换是不可或缺的部分。举例来说，人们在进行社会活动时，为了实现对彼此的了解，协调各自的行为以达到共同的目标，人与人之间的交流就成了必不可少的活动，这种交流所包含的内容就是信息。换句话说，信息是系统中各部分之间相互交换、相互作用的重要媒介。

综合以上观点，笔者将信息定义为任何事物（包括人类）发出的，能被接收者感知的消息。信息包含多种形式，可以是人们通过五感（视觉、听觉、嗅觉、味觉和触觉）接收到的来自外部世界的事物及其变化，也可以是无生命的物质感知到的事物及其变化。例如，书籍、报纸上的文字和图画，周边环境的声音，田野上泥土和植物散发出的气味，气温的变化，人类大脑中的想法等，都属于信息的范畴。因此，信息是一个极其广泛的概念，它涵盖了人们生活中的各个方面，是人们理解、适应并影响外部世界的重要方式之一。

（二）信息的主要特征

在人们的日常生活和工作中，信息是不可或缺的存在，它无时无刻不在影响人们的决策和行动，塑造人们的观念和认知。信息的主要特征包括以下五点，如图 1-1 所示。

---

① N.维纳.人有人的用处: 控制论和社会[M].陈步，译.北京: 商务印书馆，2011: 1-13.

图 1–1 信息的主要特征

1. 普遍性

信息无处不在，它无时无刻不在人类周围流动，但在不同的时间和场合下，同样的信息可能具有截然不同的含义和价值。例如，学校里的铃声，平时可能代表着上课或下课，但在考试时，同样的铃声却变成了考试开始或结束的信号。

2. 依附性

信息的依附性是指信息必须依赖于某种媒体或载体才能实现有效的存储和传播。无论信息多么丰富，如果没有媒介来存储和传递，那么信息就无法到达接收者处，也就无法产生任何效果。在传统环境中，信息的载体可以是纸张、胶片、磁带等实体媒介，如图书、报纸、电影和磁带录音。而在现代社会，尤其是在数字化和网络化的环境下，信息的载体已经大幅度扩展，包括电磁波、光纤、硬盘、闪存、云存储等多种形式。信息的依附性强调了信息在处理和传播过程中载体的重要性，不同的载体有不同的特性，这些特性将直接影响信息的获取、处理、传播和存储的效率和效果。例如，纸质载体具有直观、稳定等优点，但其信息密度低，不便于远程传播和机器处理；而电子载体具有高密度、易于远程传播和机器处理等优点，但其依赖于特定的设备和技术。

3. 时效性

信息的时效性是指信息的有效性和价值在某种程度上取决于其被获取和使用的时间。信息具有时效性是因为信息往往是与某一特定时间和环境关联的，当时间和环境发生变化时，信息的内容和意义也可能随之改变。信息的时效性体现在其与当前事件的紧密相关性上。例如，新闻报道反映了最近发生的事件，这些信息的价值在于其新颖性和时效性，一旦超过一定时间，这些信息就可能变得陈旧，其价值也就大大降低了。信息的时效性还体现在其在人们决策过程中发挥的重要性上。例如，股市的实时数据，投资者在做出购买或出售股票的决定时，通常需要最新的股市信息，若是使用旧的数据做出决策，可能会导致损失。因此，信息的时效性对于人们做出正确决策非常关键。另外，信息的时效性与科技进步紧密相关。随着科技的发展，人们获取和使用信息的方式也在不断改变，新的科技会产生新的信息，而旧的信息可能会因此变得过时。

4. 传递性

信息的传递性是信息基本且重要的特性之一，是指信息能从一个人或物体传递给另一个人或物体的特性。信息的传递性能帮助人们进行有效的沟通，使人们共享知识，传播文化，以及进行社会交互。信息的传递性体现在人与人之间的交流中。比如，人们可以通过语言、书面文字、手势、表情等方式传递自己的思想、感受、意愿等信息，使得对方能够理解自身的想法和需求。此外，人们也可以通过阅读书籍、观看电影、听音乐等方式获取他人的思考和创造等信息，从而丰富自身的知识和经验。信息的传递性在科技领域中的应用也非常广泛。例如，互联网、手机、电视等现代科技工具，使得信息的传递速度和范围得到了极大的提升。通过这些工具，人们可以实时地获取全球的新闻和资讯，进行远程的学习和工作，以及进行线上的社交活动，这不仅极大地便利了人们的生活，也促进了人类社会的快速发展。

5. 价值性

信息的价值性是指信息能够满足人们的知识需求，帮助人们解决问题，以及帮助人们做出决策，从而具有一定的使用价值和经济价值。信息的价值性体现在三个方面。第一，信息的价值性体现在其能帮助人们解决实际问题。在日常生活和工作中，人们经常需要面对各种问题和决策，而这些问题和决策往往需要依赖信息。例如，医生需要病人的病历信息来做出诊断，企业需要市场信息来制定商业策略。第二，信息的价值性体现在其能够提升人们的知识和技能。通过获取和学习信息，人们可以了解新的观点和理论，掌握新的技能和方法，从而提升他们的知识和能力。例如，学生通过学习教科书中的信息来掌握知识，工程师通过阅读专业文献来学习新的技术。第三，信息的价值性体现在其具有经济价值。在现代社会，信息往往被视为一种有价值的资源，可以通过买卖、交换等方式来获取。例如，企业可以通过售卖其拥有的市场调查报告来获取利润，个人可以通过购买专业咨询服务来获取有价值的建议。

信息的价值性并不是固定不变的，而是受到多种因素的影响，信息的新颖性、相关性、准确性、完整性等都会影响其价值。此外，信息的价值也受到接收者的需求、背景、能力等因素的影响。

（三）信息的作用

随着科技的飞速发展，信息的获取、传递、处理和利用的技术也在日益进步，使得信息在社会的各个领域，如经济、文化、科技、管理等，扮演着愈加重要的角色，深刻影响着人类的生活，成为社会运转中不可或缺的重要元素。

1. 信息是经济发展的重要因素

在市场经济中，各类市场信息的收集、处理、分析和利用是促进经济增长的关键。企业可以通过有效的信息管理，捕捉市场动态，做出精准的决策，优化资源分配，提高经济效益。

2. 信息是人类知识的源泉

信息无疑是人类知识的源头。人类在理解世界和改造世界的过程中，会不断收集并产生新的信息，这些新的信息形成了人类的认识和理解，也就是人们通常所说的“知识”。这些新的认识、新的内容是对世界事物和社会现象的理解和解释，是人类经验和智慧的积累。当人类对某一事物或现象有了新的理解或发现时，便会产生新的信息，而这些新的信息会不断地被人类收集、整理和处理，不断地被加入人类的知识体系中，从而使得这个知识体系更加完整，更加丰富。随着人类认识的不断深入，新的信息会源源不断地产生，这些新的信息经过人类的理解和处理，会成为新的知识，进一步丰富和完善人类的知识体系。这是一个不断循环的过程，是人类知识不断发展和进步的原动力。

3. 信息是推动科技进步的手段

在当今高度信息化的世界，科学技术的进步与人们的收集、处理、传播和应用信息的能力紧密相连。信息已经成为推动科技进步的重要手段，特别是在全球化和互联网普及的背景下，这种趋势更加明显。

科技进步的源泉是创新，而创新的灵感和思考往往来源于新的信息和知识。科研人员通过获取最新的研究成果、科研方法、科学理论等信息，可以提升其自身的认知水平，拓宽其自身的视野，从而推动科技的进步和创新。信息的共享和传播可以大大加快科技进步的速度。例如，科研团队可以通过网络平台共享研究数据和结果，使其他团队能够基于这些信息进一步开展研究，避免重复劳动，提高科研效率。新的科技发展往往需要跨领域的合作，而有效的信息交流是跨领域合作的重要基础。信息的处理和分析能力对于科技进步也至关重要。在大数据时代，科研人员可以借助先进的数据分析工具，从大量复杂的信息中提取有价值的信息，从而促进科研的深入和科技的创新。信息对于科技政策的制定和执行也有重要影响，科技政策的制定需要基于大量的科技信息，如科研成果、科技趋势、科技需求等，才能有效地引导科技发展。

4. 信息是科学决策的重要依据

信息是科学决策的基础，其重要性不容忽视。无论是在个人层面，还是在企业和政府层面，都需要准确、全面、可靠的信息作为决策依据。信息的质量和准确性直接影响决策的效果和效率，准确的信息可以帮助决策者了解实际情况，使他们做出符合实际的决策。例如，市场调查信息可以帮助企业了解消费者需求，进而制定出满足消费者需求的产品策略。全面的信息可以帮助决策者考虑所有相关因素，避免因忽视某些重要因素而做出错误的决策。例如，企业在进行投资决策时，需要考虑到经济、市场、技术、政策等因素，这需要收集和分析各种信息。可靠的信息是科学决策的必要条件，不可靠的信息会导致决策出现偏差，甚至可能造成灾难性的后果。因此，建立健全的信息收集、处理和分析系统，提高信息的准确性、全面性和可靠性，对于保证决策的科学性至关重要。在当今信息爆炸的时代，人们如何从大量的信息中筛选出有价值的信息，并将其转化为有用的知识，对于科学决策的成功至关重要。

5. 信息是社会进步的必要条件

迈入 21 世纪，信息已经成为社会进步的必要条件，对于社会经济、文化、科技等各个领域的发展具有深远影响。信息的广泛传播使各种新思想、新知识得以迅速流动，为社会进步提供了重要的思想资源，人们可以通过多元的信息渠道获取全球的新知识、新观点，提升个人素养，开阔视野，促进社会文化的多元化。信息科技的发展正在深刻改变着人们的工作和学习方式，远程办公、在线学习、数字化生产等新的工作学习模式的出现，提高了人们工作、学习的效率，为社会生产力的提升注入了新的动力。信息化也正在改变着人们的生活方式，智能家居、移动支付、在线购物等新型服务模式的出现，提高了人们的生活品质，为社会进步创造了新的可能性。

二、信息科技

（一）科技的概念

科技是科学和技术的统称，科学和技术是两个抽象的概念。

“科学”是指人类有意识地探寻自然世界、揭示未知领域的活动。在17世纪之前，“科学”这个词并不存在，人们将这种探索自然和获得知识的活动称为“哲学”或“自然哲学”，并将其产生的成果称为“知识”。随着近代科学革命的推动，拉丁语中的“scientia”（知识）逐渐演化为现今的“science”（科学）。尽管“科学”一词的出现标志着知识体系的一次重大转变，但在很长一段时间里，“科学”仍然被视为“自然哲学”的一部分，艾萨克·牛顿（Isaac Newton）在1687年出版的著作就是以“自然哲学的数学原理”命名的。[①] 实际上，直到19世纪之前，欧洲人仍然将与自然有关的知识领域称为“natural philosophy”，直译为“自然哲学”。在当时的语境中，“philosophy”更接近于人们现在所说的“学问”，所以将其翻译为“自然科学”或“自然学”可能更为恰当。科学在现代含义中有两种解读方式，广义和狭义。在广义上，科学被视为人类通过各种活动理解自然、社会和思维的集合，以及通过这些活动形成的知识体系。这个解释包含了自然科学、社会科学，以及关于思维的科学研究。在狭义上，科学主要指人类为了理解自然世界，采取的一系列行动和获取的知识。也就是说，人类在好奇心和怀疑心驱使下，对未知事物提出假设，并通过实证验证这些假设以获取新知识，这个过程被称作科学。

“技术”一词，在中国的历史长河中具有悠久的历史，最早的记载出现在《汉书·艺文志》中：“汉兴有仓公，今其技术晻昧。”[②]《史记·货

① 牛顿．自然哲学的数学原理[M]．赵振江，译．北京：商务印书馆，2017.

② 班固．汉书[M]．西安：太白文艺出版社，2006：256-273.

殖列传》中也有记载："医方诸食技术之人，焦神极能，为重糈也。"[①]技术主要指医术、方术。唐朝时期，这个词被引入日本，随着时间的推移，中国使用"医术""方术""开物"这些词语来代替"技术"。19世纪末到20世纪初，当康有为和梁启超在翻译日文书籍时，他们再次引入了"技术"这个词。"技术"这个词在现代有着广义和狭义的解释。在广义上，技术是指人类在各种人类活动中使用的手段和方法的总和，涵盖生产技术和非生产技术。在狭义上，技术主要是指人类对自然进行改造，以创造更适合人类生存和发展的手段、方法和活动的总和。技术是在人类社会中不断发展的一种劳动技能、技巧、经验和知识，是人类认识和利用自然力量及其规律的重要工具，也是社会生产力的重要组成部分。技术的存在和发展，是对社会文化财富和物质财富的创造实践，是劳动技能、生产经验和科学知识的实体表现形态。

（二）信息科技的概念

信息科技，作为现代科学技术领域的一个重要部分，它的主要研究对象是以数字形式表达的信息及其应用中的科学原理、思维方法、处理过程和工程实现。这是一种跨越了计算机科学、通信技术、软件工程等多个领域的复杂技术，它的目标是有效地获取、存储、处理、传输和使用信息。

在科学原理方面，信息科技主要依赖于数学和逻辑学，这些学科为信息的数字化表达和逻辑处理提供了基础理论，如信息编码、数据结构和算法理论等；在思维方法方面，信息科技主要体现在系统思维和抽象思维上，这让人们能够处理复杂的信息系统，设计和优化各种信息处理流程；在处理过程和工程实现方面，信息科技主要应用了计算机科学、通信技术和软件工程等多种技术手段。例如，人们使用计算机和服务器来存储和处理信息，使用互联网来传输信息，使用软件来实现各种信息

① 司马迁．史记[M]．杨燕起，译注．长沙：岳麓书社，2021：239-270.

服务和应用。这些技术让人们能够有效地处理大量的信息，并将信息转化为有用的知识和智能服务。信息科技的发展对全球经济、社会和文化发展产生了深远影响。在经济领域，信息科技的应用推动了生产力的提升，创造了新的经济增长点，如电子商务、云计算和人工智能等，同时，信息科技也在改变着国家的经济结构和经济发展模式，如数字经济和共享经济的兴起。在社会领域，信息科技正在改变人们的生活方式和工作方式。互联网和移动设备让人们的信息获取和交流变得极其便捷，人们的社会交往方式和社群结构也发生了深刻变化，远程工作和在线教育等新的工作和学习模式正在成为常态。在文化领域，信息科技让文化传播的范围和速度都得到了前所未有的提升，全球化的信息流动正在催生一种新的全球文化，各种文化的交流和融合变得更加频繁，同时，信息科技也为文化创新提供了新的平台和工具，如数字艺术和网络文学等。

三、信息科技教学

信息科技作为基础教育课程的关键环节，集知识性、技能性和工具性于一身，这种特殊性使其能够作为支撑学科学习方式变革的信息化平台。信息科技教学是一种以培养科学精神、科技伦理、自主可控意识、社会主义核心价值观、总体国家安全观和提升数字素养与技能为目标的教学活动，这一教学活动集中在信息科技领域，涵盖了计算机科学、通信技术、软件工程等多个子领域。

信息科技教学主要包括以下五个重要的理念。一是反映数字时代正确育人方向。在数字时代，信息科技教学不再仅仅是教授知识和技能，更重要的是引导学生形成正确的价值观和人生观。信息科技教学需要培养学生的数字公民素养，包括网络道德、数字权益保护、数据安全意识等，让他们在利用信息科技的同时，能够理解和尊重他人的权益，保护自己和他人的数据安全。二是构建逻辑关联的课程结构。信息科技课程的内容广泛且深入，需要构建一种逻辑关联的课程结构，反映出知识的内在逻辑关系，使得学生可以逐步、系统地掌握各个领域的知识。三是选择科学原理和实践应用并重的课程内容。信息科技既包含理论知识，也包含实践技能。信息科技教学需要选择那些科学原理和实践应用并重的课程内容，教师既要让学生了解基本的理论知识，也要让他们有机会进行实际操作，以便他们将所学知识应用到实际生活和工作中。四是倡导真实性学习。真实性学习是指让学生在类似实际情境的环境中学习，以提高他们的实践技能和解决问题的能力。教师可以设计一些真实性的项目和任务，让学生在完成这些任务的过程中学习和运用信息科技。五是强化素养导向的多元评价。评价是教学的重要环节，信息科技教学需要构建一种以素养为导向的多元评价体系，既要考查学生的知识和技能，也要考查他们的情感态度、价值观、创新能力等。

第二节 中小学信息科技教学的过程及原则

一、中小学信息科技教学的过程

中小学信息科技教学的过程是一种独特的认识和实践过程，是引导学生理解和应用计算机科学技术的主要途径，同时也是促进学生全面发展、提升学生智力和能力的重要途径。在这个过程中，教师依据明确的教学目标和培养目标，有计划地指导学生深入探索计算机科学的世界，借助各种教学策略和方法，激发学生积极参与，引导学生积极探索，使学生能够通过实践活动初步理解计算机科学，并掌握基本的计算机技术操作技能。在此基础上，教师还需要考虑如何培养学生全面发展，不仅包括学生思维能力和道德素养的发展，也包括他们的个性发展。教师需要通过多种方式，包括课堂教学、实践活动、课外扩展等，引导学生形成科学的世界观，帮助他们建立正确的人生观和价值观。

（一）中小学信息科技教学过程的特点

在中小学教育教学体系中，信息科技教学过程不仅有一般教学过程所具备的特点，还有其独特的特点，如图 1–2 所示。

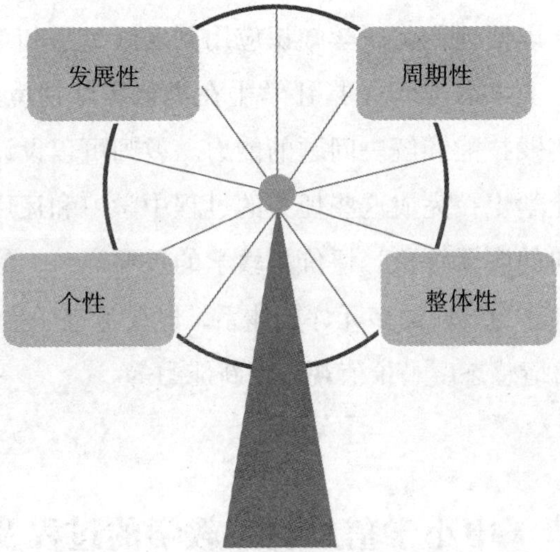

图 1–2　中小学信息科技教学过程的特点

1. 发展性

在早期，由于计算机设备的限制、受其他学科的影响以及教师教学经验的不足等原因，计算机教学基本上是一个由教师向学生单向传递知识的过程。随着计算机科学技术的发展、教育改革的推进和教学经验的积累，信息科技教学过程变得越来越丰富和完善。现在的信息科技教学不再只是教师的单方面传授，而是变成了教师“教”和学生“学”的双向互动。学生在这个过程中，不仅仅是知识的接收者，更是教学活动的主动参与者，通过积极参与，学生能够更好地理解和掌握知识。在未来，随着社会的发展，信息科技教学过程将变得更加丰富、生动和个性化，其也将不断发展与完善，以满足社会和学生的需要，促进学生的全面发展。

2. 周期性

教学过程的周期性体现在教学活动中师生的双向互动上。在这个过程中，教师和学生会不断地互相影响，通过交流和冲突来产生新的认识和理解，经历从旧知与新知、已知与未知的碰撞到交流融合的周期性变化。这个周期性的进程就像波浪一样，从低潮到高潮，然后再回到低潮，每一个周期都推动了教学过程的发展和学生独立活动能力的提升。在时间轴上，教学过程展现出螺旋式前进的动态变化，每一个周期都在上一周期的基础上得到提升和发展。

3. 整体性

教学过程的整体性体现在教学过程中各个组成部分的统一和协调。无论是教学目标、教学内容、教学方法和手段、教学组织形式，还是教学评价等，都是教学过程的组成部分，它们相互影响，共同构成了教学过程的整体。而且，教学过程中的活动种类和令学生形成的个性品质等也同样具有整体性，它们在教学过程中相互作用，共同推动了教学体系的整体发展。这种整体性要求教师在教学过程中，不能割裂各个部分，而应把它们作为一个整体来考虑和处理，以此来提高教学效果和效率。

4. 个性

信息科技教学过程在中小学信息科技教学中展现出鲜明的个性特征。信息科技教学的目的是促进学生全面发展，包括智力、体质、品格等各方面，因此，信息科技教学形成了一套相对独立且充满个性的教学体系。这种个性化的特性意味着教师在理解和研究信息科技教学过程时，不能仅从系统的层面或者方法论的层面进行，更需要关注的是教学过程中具体的、个别的环节，以及如何将理论与实践相结合，使教学过程具有更强的操作性和应用性。

（二）中小学信息科技教学过程的功能

在中小学信息科技教学过程中，教师需要科学、合理地组织和引导教学的展开，从而充分发挥中小学信息科技教学过程的以下三个功能。

1. 实现教育教学目标功能

在中小学信息科技教学过程中，实现教育教学目标是一项重要任务。教学过程并非自发生成的，而是需要通过人为的组织和调控来达成预设的目标，高度的组织性、调控性和目标性是其显著特点。在教学开始之前，教师需要深入理解教学目标和过程，明确教学活动从何处开始，如何启动，以及最终应达成何种目标，其中包括确定实现目标的具体步骤和手段。在这个过程中，教师不仅要考虑社会需求和教育教学目标，还要考虑学生的身心发展规律。在教学过程中，教师可以根据实际情况，如是否达到预期的教育教学目标，现有的条件和设备等因素，来对教学过程进行实时调控。这样教学过程就能够按照既定的目标进行组织，维持其活动并努力发展，从而提高教学效率。如果没有明确的组织、步骤和手段，教学目标就无法实现。因此，对教学过程的精心组织和调控是教师实现教学目标、提高教学效率的重要保障。

2. 师生联系功能

中小学信息科技教学过程不仅强调目标的实现，更强调师生之间、学生之间的紧密联系和互动。在班级授课模式下，教学过程是一种团队活动，具有共享的、明确的目标，这有助于保持团队的整体性，并形成强大的团队凝聚力。在此过程中，教师起着关键的引导作用，而学生作为学习的主体，通过教师的指导实现自身的学习，两者的互动使得教学过程顺利进行。这种交互过程使师生之间、学生之间的联系更加紧密，也能够促使教学过程有效地进行。

3. 促进学生个体发展功能

中小学信息科技教学过程也注重促进学生个体发展。教学活动的核心目标是推动全体学生的全面发展。中小学信息科技教学的实施，需要以实现《中小学计算机课程指导纲要》和《关于加快中小学信息技术课程建设的指导意见（草案）》所提出的教学目标为主，这些指导纲要不仅对教学内容和方式进行了明确的规定，同时也强调了对学生个性化发展的重视，为学生的全面发展铺平了道路。

（三）中小学信息科技教学过程的基本环节

根据教学理论，再根据中小学信息科技教学过程的特点，可以将中小学信息科技教学过程划分为以下三个基本环节。

1. 明确教学目标和任务

对于教师而言，必须正确理解教学的目标和任务，并在深入研究教学系统特性的基础上，将这些目标和任务具体化。这一过程需要激发学生的内在需求，使他们积极掌握新的理念、新的软件及新的方法，具体可以通过创造问题情境来实现，从而使教学任务在这样的环境中清晰地显现出来。而对学生来说，他们需要明确自身的学习目标，并在教师创设的问题情境中进行推测、探索和想象，以激发他们的求知欲和学习动力。

2. 教师指导下的教学活动

对于教师来说，他们需要选择、深入研究和组织教学内容，挑选最适当的教学方法来引导学生掌握教学内容。同时，教师需要培养学生的信息科技操作技能，发展学生的能力，使学生形成良好的个性品质。对于学生来说，他们需要在教师的指导下，理解和掌握他们正在学习的概念和方法，并在解决问题和任务的过程中，获取进行创新性活动的经验。教学活动是教学过程中非常重要且十分复杂的环节，主要由以下四项活动构成。

（1）感知。对于学生而言，感知可以通过多种方式获得。例如，在观察、实际操作和完成作业的过程中直接感知，或者通过事物和现象的符号表示，以及教师的语言信息进行间接感知。对于教师来说，为了使学生的感知领域尽可能地广泛，他们应充分利用学生的已有经验。为了帮助学生形成对事物的清晰认识，教师需要指导学生进行深入观察，教导他们在感知过程中区分出重要、基础和本质的部分，从而引导学生用自己的力量去掌握新知识。

（2）理解。在感知的基础上，学生可以初步且概括性地理解现象和过程之间的联系，了解它们的结构、成分和意义等，从而掌握教学内容的内在联系。理解的目标是掌握教学内容的本质和形成知识体系，这也是教学的核心任务。学生理解教材是一个复杂的思考过程，在信息科技教学中，教师需要引导学生的思维，善于运用比较、分析、综合等逻辑思维方法帮助学生形成信息科技的概念，掌握信息科技的知识，并在这个过程中培养他们的逻辑思维能力。

（3）巩固。巩固的主要目标在于引导学生将所学知识牢固地嵌入记忆中。通过及时练习和复习，学生可以有效克服在学习间接知识过程中的遗忘问题。知识巩固就是要使学生将信息科技知识在选择、提炼和加工之后存储在大脑中，学生对教材的深入理解是知识巩固的基础，学生对教材内容理解得越深刻，知识就会越牢固。记忆是实现知识巩固的主要方式，教师需要引导学生将理解性记忆和机械性记忆结合，将反复感知和尝试回忆结合，通过联想、重认、推理等方式回忆所学知识，使知识得到进一步巩固。

（4）应用。应用活动的目标是指使学生将所学的信息科技知识运用于学习和生活实践。在这个阶段，学生将所学知识具体化，并在认识过程中能够实现一次重要的飞跃。具体来说，学生可以通过上机实习、作业练习以及解决实际问题等途径来实现对知识和技能的应用。随着学生知识的积累、技能的熟练以及思维能力的发展，教师在学生的知识应用阶段应尽可能减少模仿和重复的行为，更多地提倡学生独立思考和解决问题的能力。

3. 检查和评估学生对教学内容的掌握情况

在教学活动中，教师对学生掌握知识情况的检查和评估是教学反馈的关键环节。教学反馈具有多种形式，包括观察学生的语言、动作、表情，分析他们回答问题的方式，检查作业和考试成绩等。这些反馈信息能够帮助教师评估自己在教学过程中的优势和不足，从而及时调整教学内容、进度、方法和策略，以实现教学过程的动态平衡和稳定。

实际上，反馈是教学活动全过程中不可或缺的环节，与教学活动是同步进行的。教师需要善于捕获各种反馈信息，快速对学生的学习情况进行判断和分析，以便及时调整教学策略和进程。与此同时，学生也应进行自我检查，及时纠正学习过程中出现的错误，找出尚未解决的问题，这有助于他们更好地掌握知识，并提高自我学习能力。

在信息科技教学中，教师需对教学过程的阶段性和连续性有深入的理解，不能将这些阶段当作固定不变的模式进行机械式的应用。相反，教师应该基于这些教学阶段，结合中小学信息科技教学的目标、内容以及教学过程的规律和学生的实际情况，灵活地安排和设计各个阶段的教学内容和顺序。教师需要发挥创造性，这样才能达到各个阶段的教学目标，并提高教学质量。

二、中小学信息科技教学的原则

（一）量力性与严谨性相结合的原则

量力性原则强调的是在信息科技教学中，教师对学生的要求需要适合学生的能力，这是一种以学生为中心的教学策略。信息科技作为一门科学技术学科，具有自己完整且严谨的理论和知识体系，教师必须保证教学的严谨性，这意味着信息科技的教学结果必须是精确和准确的。例如，在设计程序时，每一个步骤都应基于合理的理论，并且符合逻辑的要求。同时，教学内容的安排需要有严格的系统性，必须符合信息科技学科的内在逻辑结构。信息科技教学具有不同的层次，教师需要坚持从实际出发，考虑学生的接受能力和认识水平，来选择适当的教学内容，同时，教师也要注意区分计算机科学与信息科技教材的差异并考虑学生之间的关系。针对不同的学生群体，教师需要考虑他们的学习目标、学习能力、主动学习能力和学习习惯，在教学内容、教学进度和实践操作等方面制定不同的要求。

量力性与严谨性有机结合到一起，主要体现在以下四个方面：一是信息科技概念的逻辑性必须与形象直观性相结合。教师需要精确地讲解信息科技概念，同时以形象和直观的方式解释，以使学生更好地理解和记忆。二是信息科技程序设计推理论证的严谨性应与学生的接受和理解过程相结合。教师需要在保持推理论证过程严谨性的同时，考虑学生的接受能力，对信息科技程序设计进行适当的调整和简化。三是信息科技语言的精确性、符号化、形式化应与其通俗化和直观化相结合。这意味着教师在向学生传授信息科技语言时，应尽可能地用通俗易懂、直观形象的语言来解释复杂的理论和概念。四是思维的严谨性需要与良好的思维习惯训练相结合。这要求教师在教学过程中，不仅要引导学生严谨地思考，也要通过各种方法潜移默化地培养他们良好的思维习惯。

实施严谨性与量力性原则时，教师必须考虑到学生的实际认知水平、学习能力、主动认知能力以及学习习惯，坚持从简单到复杂，从已知到未知，从具体到抽象，从特殊到普遍。尤其针对不同年级和层次的学生，教师应允许存在差异，并根据实际情况调整教学方法，以实际效果为导向。以键盘操作为例，学生初次接触信息科技时，没必要立即记住键盘上所有键的功能，教师可以先让学生熟悉和掌握基本键位的操作。随着对基本键位熟悉程度的提高，他们对其他键位的记忆和操作也会相应变得容易，从而自然地提高键盘输入的速度和准确性。另外，教师既不能忽视学生的认知水平，以过高的标准追求理论的严谨性，增加学生的负担，也不能过度迁就学生，降低教学的理论水平。教师应以适应学生的认知水平为前提，积极促进学生的知识增长和智力水平的提升。

总的来说，教师在强调理论严谨性的同时，不能忽视学生的接受能力；而在强调适应学生能力的同时，又不能忽视教学内容的科学性。教师必须将这两个方面有机地结合，以实现事半功倍的教学效果。

（二）实践性原则

信息科技课程是一门实践性较强的课程，以其实用、技术和经验为主要特点，并强调理论与实践的紧密结合。它的应用性是信息科技学科的显著特色之一，这就要求教师把教学重点放在如何使学生将信息科技知识运用到实际生活中，将信息科技教学视为一种实践活动方式。在这个过程中，学生是认识活动的主体，教师应鼓励学生与周围世界（包括教材、教师、计算机、同学以及实际环境）进行互动，以此提升学生的能力和技巧。同时，教师需要注意培养学生理论学习与实践操作的能力。教师还应该将信息科技作为其他学科学习和教育的工具。例如，教师可以将计算机文字处理与识字、作文教学相结合，这不仅有利于学生将所学知识运用到实际中，也有利于培养学生的分析问题和解决问题的能力，实现理论与实践的统一。

实践的目的在于帮助学生更深入地理解和掌握信息科技知识，并使他们学会利用这些知识解决实际问题。通过实践，教师不仅可以提高学生对信息科技的兴趣，而且可以加强学生运用信息科技知识的意识。实践性原则也强调了学生在操作计算机的过程中，加深对理论知识的理解的重要性。只有当学生的理论水平提高，并对理论有深入的理解时，他们才能更有效地将理论应用于实践。

在信息科技教学中，理论知识是一种需要传递给学生的知识体系。从心理学的角度来看，理解一个理论就是将其融入自己已有的理论体系中，并确保它能在未来的发展中发挥作用。在教学过程中，总结信息科技教学的通用原则和方法，无论是在实践性还是在能力培养上，都具有广泛的指导意义。

（三）发展性原则

发展性原则强调的是教师应准确认识信息科技快速发展的现状，培养学生适应此类需求的能力。信息科技的学习过程是一个知识不断积累和发展的过程，也是一个极其复杂的认知过程。在这个信息时代，科学技术以前所未有的速度发展，特别是信息科技的更新周期短，其要求人们不断学习新技术。学校教育的目的是为个体的终身教育打下基础，即培养学生的自我学习能力。因此，教师应考虑到学生的深层次学习需求，以培养学生的学习能力和提高学生的综合素质为主旨。

信息科技的学习过程并不是一个直线上升的发展过程，而是一个螺旋式上升的发展过程，这意味着学生要深入、全面地理解知识和掌握技能，反复学习并及时复习和巩固。例如，即使是基础的计算机操作——理解键盘上各个键的功能，也需要通过不断的实践和使用来完成，因为在不同的应用软件中，同一功能键的作用可能会有所不同。在信息科技的教学中，当引入新的知识点时，教师可以先让学生理解其表面含义，而不需要他们立即深入理解其内在原因，以免影响教学进度。但是，教师需要注意在教授后续相关知识后及时回顾和复习之前学过的内容。这种教学方式能够帮助学生前后联系知识，深化他们的理解，使他们能够达到事半功倍的学习效果。

在选择教学内容时，教师需要保证大部分学生能够理解和掌握这些内容，同时也要注重内容的深度和广度，以便最大限度地促进每个学生的发展。教师在教授新知识的同时，通过复习和巩固学过的内容可以深化学生的理解，并为学生未来学习新知识打基础。尽管计算机科学技术的知识量在迅速增加，并且不断更新和升级，但是其基本内容和原理是相对稳定的。一旦学生掌握了这些基本原理和概念，理解了计算机学科的基本结构，就能够在这个基础上学习更高级和深入的知识。此外，学生对基础知识的掌握还有利于他们在学习过程中的知识迁移。

在教育的发展性原则下，随着教育目标的转变和信息时代对学生知识和智力的新要求，教师需要从主要传授已有知识和技能转向培养学生的创新能力。因此，教学的创新性应是发展性原则的重要体现。在信息科技教学中，创新性既表现在客观层面，也表现在主观层面。即使学生通过自我探索，在课程中发现的某些结论可能并没有新的客观价值，但从主观角度来看，这种探索和发现的过程却体现了他们的创新精神。因此，独立和创新地使用信息科技，以及独立设计程序，都是学生创新能力的重要体现。在中小学的信息科技教学环境中，这种创新性的培养更为重要。

（四）整体优化原则

整体优化原则主张把信息科技的教学过程视为一个整体，并从其整体结构上提升功能，同时通过各要素的协调，以追求良好的教学效果。这个教学过程的“整体”包括教师、学生、教材、教学环境、教学目标、教学方法和教学反馈等元素。

最优化教学过程的目标是让教师和学生在使用最少的必要时间和精力的情况下，达成良好的教学效果。这需要教师的专业能力、学生的学习能力、有效的教材、适宜的教学环境、清晰的教学目标、创新的教学方法以及及时的教学反馈等因素的协调配合。

教师在应用信息科技教学原则时，有以下几个关键的注意事项需要注意。

首先，这些原则并非孤立存在的，它们之间有着紧密的联系和互相补充的作用，能够构成一个完整的体系。在教学过程中，教师需要创造性地综合运用这些原则，全面地贯彻它们。在特定的教学环节中，可能有某个原则发挥主要作用，而其他原则起到辅助作用。

其次，这些教学原则应贯穿所有教学活动之中，包括设定教学目标，选择和组织教材，考虑教学方法，安排课堂教学，指导实践操作以及评估学生知识、技能和技巧的掌握程度和质量等。在每个环节中，教师需要根据实际情况将教学原则具体化，并灵活运用在课堂活动中。

最后，教学原则反映了教学过程中的矛盾关系。各项原则的提出基于信息科技教学的特点之上，强调了矛盾的主要方面，但在实际应用中，教师也应注意矛盾的主要方面要和矛盾的次要方面相结合。灵活地掌握和运用教学原则，关键在于掌握好辩证法，正确处理其中的各种关系，抓住教学中的主要矛盾，并采取有效的措施来提高教学质量。

教学原则具有一定的稳定性，随着时代的进步和社会对信息科技需求的持续更新，教师不能仅仅在一个固定的层面上理解和执行这些原则，而是应该根据现代的教学理论，并依据中小学信息科技教学的实际情况，不断地完善和优化这些教学原则。因此，虽然教学原则具有稳定性，但它们也需要适应教育实践的变化和发展，保持动态的更新和改进。

第三节　中小学信息科技教学的特点与功能

一、中小学信息科技教学的特点

（一）时代性

1. 中小学信息科技教学目标和任务的时代性

在这个信息爆炸的时代，信息科技已成为人们日常生活和工作的重要组成部分。中小学的信息科技教学目标和任务也应适应时代的发展趋势，并与社会对技能和知识的需求保持一致。以下是对中小学信息科技教学目标和任务时代性特点的概述。

从教学目标来看，随着信息科技的发展，社会对学生信息素养的需求也在不断提升。信息素养不仅包括技术能力，也包括信息评估、信息筛选、信息管理等技能。因此，中小学信息科技教学的一个重要目标就是培养学生的信息素养，这也是教师在设定教学目标时的首要考虑因素。随着社交媒体和数字平台的普及，培养学生的网络公民素养也成了信息科技教学的重要目标，这一目标的目的不仅是技术知识的传授，更是引导学生成为一个负责任和有道德的数字公民。从教学任务来看，中小学信息科技教学的任务之一是培养学生的创新思维能力和解决问题能力。在面临复杂的社会问题和挑战时，创新和解决问题的能力成为重要的素质。通过信息科技的学习，学生不仅可以掌握各种技术工具，还可以通过项目实践提升他们的创新思维能力和解决问题能力。

在这个快速发展的信息时代，中小学信息科技教学的目标和任务也在不断调整和改变，以适应时代的需求，同时培养学生的技术技能和信息素养，培养他们的创新思维能力和解决问题能力，以及塑造他们的网络公民素养。

2. 中小学信息科技教学硬件设施的升级体现了时代性

随着科技的飞速发展，尤其是信息科技的不断进步，人们的生活、工作和学习方式都发生了深刻的变化。其中，计算机网络系统在信息科技教学中扮演了至关重要的角色。

计算机网络系统的普及改变了教育的模式。以往，教育主要是教师面对面授课，而现在，通过网络，教师可以将教学资源共享到网络上，学生可以在任何地方、任何时间进行学习，极大地增加了教学的便利性和灵活性。计算机网络的高速发展为在线学习、远程教育提供了强有力的支撑，使教育真正走出了校园，进入了家庭。

计算机网络系统的应用，使信息科技教学变得更加生动、直观和有效。通过多媒体计算机，教师可以将抽象的知识以图片、音频、动画等形式表现出来，帮助学生更好地理解和记忆。同时，计算机网络也为学生提供了一个丰富多样的实践平台，使他们可以通过在线编程、网络试验等方式，将所学的理论知识应用于实践，提高信息科技素养。

计算机网络系统的普及和发展为信息科技教学提供了新的可能性。例如，通过云计算、大数据等技术，可以收集和分析学生的学习数据，为他们提供个性化的学习推荐，优化教师的教学过程。人工智能的发展，使得智能教育助手、智能教学系统等应用成为可能，提高了教学效率，优化了教学质量。

计算机网络系统的发展也体现了信息科技的时代性特点。技术的进步使得硬件设备更加普及、便宜，软件系统更加智能、方便。信息科技的发展和应用，不仅体现了时代的进步，更带动了教育的变革，使得教育更加公平、开放、有效。

（二）操作性

信息科技课程是一种特殊的教育形式，它在中小学教育中起着重要的基础作用，这种课程将理论知识和实践技能完美地融合在一起，体现了强烈的操作性。因此，动手操作是理解和掌握信息科技课程教学内容的关键。只有通过实践操作，学生才能真正掌握信息科技，树立使用信息科技的意识，从而培养有利于其终身学习和协作学习的技能，为适应信息社会的学习、工作和生活奠定必要的基础。在实际的教学过程中，教师通常要将至少一半的教学时间应用于机器操作实践。

中小学的信息科技教育是一个操作性非常强的学科，如果没有上机操作的经验，学生很难真正掌握相关知识和技能，因此，信息科技课程的教学应以应用为导向，教师要做到精讲，以实践为主。在“精讲”中，教师需要清晰地讲解内容的核心知识点，通过多种教学手段，如计算机辅助教学和投影演示等，提升教学效果。而“多练”则是让学生有足够的时间进行上机操作，完成有目标且具有实际效果的实践操作，以培养学生的计算机操作意识和应用意识，避免其学习仅仅停留在理论层面上。

上机操作是实现信息科技教学目标的基本手段，是培养学生操作技能的主要路径。同时，上机操作也是发展学生非智力因素的一个重要环节。通过上机操作，学生不仅能够掌握具体的技能和知识，还能培养他们解决问题的能力，提升他们的创新思维能力和团队合作能力，这些都是在信息社会中一个人极其重要的素质和能力。

随着时代的发展和需求的变化，中小学信息科技教育已经从以计算机程序设计为主的教学模式，发展到以信息检索、加工和传输为主的教学模式。这意味着中小学对计算机编程语言的教学已经不再像以前那样被过分强调，而计算机和网络操作训练的重要性却日益凸显出来，这是信息科技教学逐步发展演变的必然趋势。另外，计算机作为信息处理的智能终端，成为学生学习、动手操作和构思创造的环境。在这个环境中，学生的学习能力、实践能力和创新能力得到了有效的锻炼和提升。因此，计算机已经成为培养学生各种能力的重要工具。

（三）工具性

中小学信息科技教学的工具性特点体现在多个方面，既体现在教学内容中，也体现在教学方法和教学设计中。这种工具性特点使信息科技教学更具有实践性和现实性，更能满足学生的学习需求和社会的发展需求。信息科技教学的核心是计算机技术和互联网技术，它们都是现代社会中常见的基础工具。通过信息科技教学，学生可以掌握这些基础工具的操作方法和应用策略，进而在学习、生活和工作中更好地使用它们。因此，信息科技教学不仅是一门技术课程，也是一门工具课程，旨在帮助学生掌握在信息社会中必需的基本技能。中小学信息科技教学的工具性特点主要表现在以下四个方面。

第一，工具性在教学设计中的应用。信息科技教学强调以学生为中心，以计算机和互联网为工具，进行创新的教学设计。例如，教师可以设计基于项目的学习活动，让学生在解决实际问题的过程中，掌握和运用信息科技知识。这种教学设计方法强调学生的主动性和创新性，提高了教学的有效性。

第二，工具性在学习方法中的应用。信息科技教学鼓励学生通过自我探索和实践来学习和掌握知识。这种学习方法使学生在操作计算机的过程中，不断尝试、探索和实践，形成了主动学习、探究学习的习惯。这种学习方法本质上是将计算机和互联网作为学习工具，实现以工具为中心的学习模式，强调学生的主动性和实践性。

第三，工具性在教学方法中的应用。在信息科技教学中，教师通常会利用各种教学软件和在线教育平台，以及计算机和互联网本身作为教学工具，进行教学活动。例如，教师使用多媒体演示、在线讨论和协作、虚拟实验等教学方法，使教学活动更加生动和有趣。这种教学方法使学生在实际操作中掌握知识和技能，提高了学生的学习兴趣和学习效率。

第四，工具性在教育评价中的应用。通过信息科技，教师可以使用各种在线测试和评价工具，对学生的学习进行跟踪和评价。这种方式不仅可以为教师提供实时的反馈，使他们帮助学生及时调整学习策略，而且可以为教师提供大量的数据，帮助教师和学校了解学生的学习情况，进行科学的教育决策。

（四）学科知识更新迅速

在中小学教育阶段，相比其他学科，信息科技这一学科知识的更新更为迅速，主要原因有三个。第一，科技发展速度加快。在科技日新月异的今天，新的信息技术、新的应用、新的编程语言和工具等不断涌现，促进了信息科技领域内知识的更新迭代。第二，社会需求的变化。随着社会对科技人才需求的变化，信息科技教育也必须进行相应的调整。例如，以前的教学可能更关注学生对于电脑的基本操作，而现在更多的是关注数据科学、人工智能等前沿领域的教学。第三，教育理念的变革。教育界逐渐意识到，要培养学生的创新思维能力和解决问题能力，而不仅仅是向他们传授知识，因此，教育的内容和方式都在发生着改变，尤其在信息科技教学中，这种变革更为明显。

中小学信息科技学科知识的更新主要体现在教材内容和教学内容这两个方面。从教材内容来看，以前的信息科技教材可能更多地涉及如何使用 Word、Excel 等软件，而现在的教材主要包括如何编程，如何使用数据分析工具，以及如何理解和使用人工智能等内容；从教学内容来看，过去的信息技术教学内容以实际操作为主，而现在的教学内容以解决实际问题为主。

（五）趣味性

在中小学阶段，信息科技教学是非常重要的一部分，这既是因为信息科技在人类的日常生活中越来越重要，也是因为信息科技教学能够帮助学生培养发现与解决问题的技能、创新思维和适应未来社会的能力。信息科技教学对于很多学生来说有较强的吸引力，其趣味性主要表现在以下两个方面。

1. 丰富多彩的实践活动

在信息科技教学中，实践活动是关键，因为它们可以使学生直接参与到信息科技的使用和创造中来。编程是一个很好的例子，通过编程，学生不仅可以学习到抽象的计算思维和逻辑推理，而且还能通过创造自己的作品来实现自我表达。例如，使用 Scratch 这样的视觉编程语言，学生们可以通过拖放代码块来创造动画、游戏或者互动故事，这种方式使得编程变得简单易懂，使学生可以快速上手，并在创造中理解编程概念，体验编程的乐趣。而且，由于 Scratch 社区中有大量的项目可以参考和修改，学生可以通过分享和交流作品，感受到社区的力量，提高自身的协作和沟通能力。对于年龄稍长一些的学生，可以向他们教授 Python 这样的编程语言。Python 语言简单易学，同时又十分强大，被广泛应用在数据科学、人工智能等领域。通过学习 Python，学生们可以解决更复杂的问题，设计更复杂的应用。例如，学生可以编写一个天气查询程序，或者一个简单的 AI 机器人，这些活动不仅提高了学生们的编程技能，也提高了他们解决实际问题的能力。

2. 生活化的教学内容

在日常生活中，信息科技无处不在，它影响并改变了人们的生活方式。例如，人们使用手机应用查看天气，用智能家居设备控制家中的设施，用电脑进行学习和工作，等等。教师通过教授学生与其日常生活息息相关的教学内容，可以提高学生对信息科技的理解，也可以提高他们的学习兴趣。

首先，引导学生研究如何使用技术来提升他们的生活品质。例如，学生们可以探讨如何利用移动应用来提醒自己完成作业，或者如何利用数据分析技术来优化自己的学习计划。在这个过程中，学生们不仅能够了解到信息科技如何被应用到生活中，也能够学习到如何将信息科技应用到解决实际问题中。这种学习方式更加贴近学生的生活，能够激发他们的学习兴趣，同时也能够提高他们解决实际问题的能力。

其次，引导学生探索他们正在使用的设备是如何工作的。例如，学生们可以研究他们的手机或者电脑是如何工作的，探索如何使用搜索引擎，或者了解他们使用的社交媒体平台是如何处理和保护他们的数据的。这样，他们不仅能够更好地理解这些设备和服务，而且还能学习如何安全、有效地使用这些设备和服务。

最后，通过实际项目将信息科技与学生的生活结合起来。例如，学生们可以参与到编程、网站设计、3D 打印等项目中，在老师的帮助下设计出实际可用的产品或服务。这种实践活动不仅能让学生们更好地理解信息科技，还能让他们体验到创造的乐趣，提高他们的创新能力和解决问题的能力。

二、中小学信息科技教学的功能

信息科技已经深深渗透人们生活的各个领域，包括教育。在当今这个信息化社会中，信息科技教学在中小学阶段显得尤其重要。中小学信息科技教学不仅能够帮助学生掌握基础的信息科技知识和技能，更重要的是，它能够帮助学生形成良好的信息素养，为未来生活和工作做好准备。中小学信息科技教学的功能如图 1–3 所示。

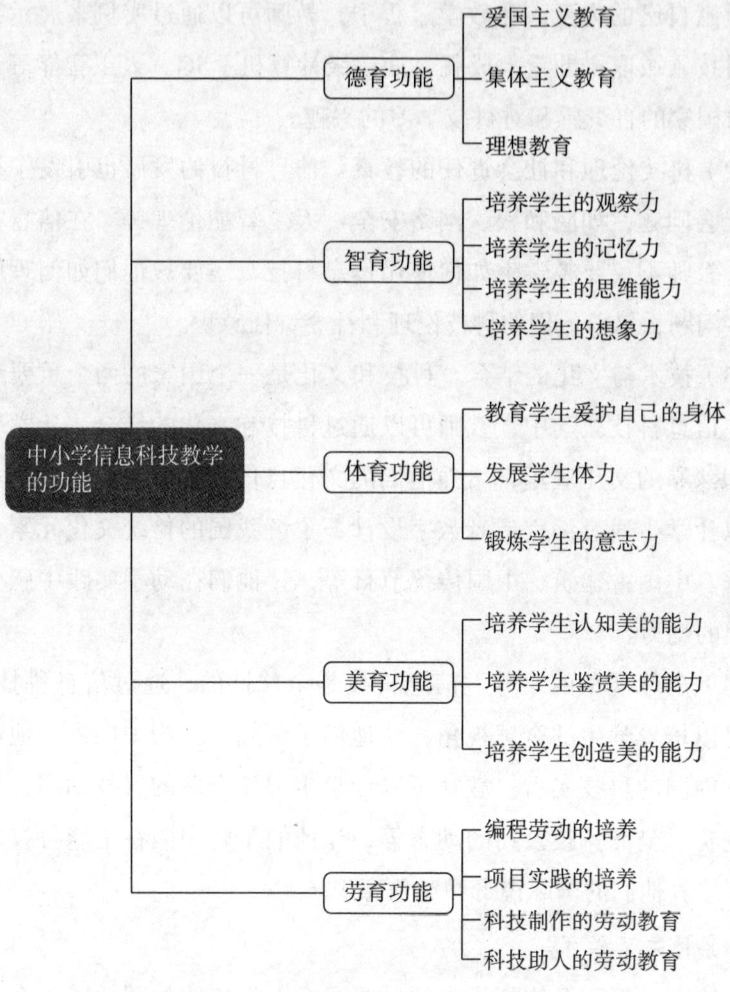

图 1–3　中小学信息科技教学的功能

（一）德育功能

1. 爱国主义教育

（1）科技强国的理念培养。信息科技是推动国家发展的重要力量，理解信息科技的重要性，就是理解国家强大的重要性。通过信息科技教学，教师可以向学生传递科技强国的理念，使学生充分认识到自己作为国家的未来，有责任、有义务通过学习和掌握信息科技知识，为祖国的发展贡献自己的力量。在教学过程中，教师可以通过实例来展示我国在信息科技领域取得的重大成就，如超级计算机、5G、人工智能等，激发学生对国家的自豪感和对科技学习的兴趣。

（2）科技伦理和社会责任的教育。信息科技的发展也引发了很多伦理和社会问题，如隐私权、网络安全、人工智能伦理等。在信息科技教学中，教师不仅要教学生如何使用信息科技，还要教他们如何理解和处理这些问题，培养他们的科技伦理和社会责任意识。

（3）技术与文化的结合。科技和文化是一个国家的两个重要组成部分。在信息科技教学中，教师可以通过科技和文化的结合，让学生感受到我国深厚的文化底蕴，增强他们的文化自信和民族自豪感。例如，教师可以让学生通过编程或者数字设计，了解我国的传统文化元素，如中文字符、中国古建筑、中国传统节日等，让他们在动手实践中感受到中华文化的魅力。

（4）全球视角的培养。信息科技是全球性的，通过信息科技教学，教师可以培养学生的全球视角，使他们了解到，作为中国人，他们有责任展示中国的科技实力。教师可以让学生关注全球的科技动态，如国际科技竞赛、全球科技公司的动态等，让他们了解中国在全球科技领域的地位，培养他们的国际视野和竞争意识。

2. 集体主义教育

集体主义强调群体的优先性，要求个人将集体的利益置于个人利益之上。在信息科技的教学过程中，其集体主义教育功能主要体现在以下两方面。

一方面，团队合作的强调。在信息科技的学习和实践中，团队合作具有极其重要的地位。无论是编程项目，还是科技竞赛，都需要学生们协同合作，充分发挥各自的优势，这个合作的过程就是集体主义精神的体现。在这个过程中，学生们学习如何听取他人的意见，如何接受并且尊重团队的决策，如何为了团队的整体利益牺牲个人利益。教师可以通过设置合作项目、竞赛等形式，让学生在实践中理解和接受集体主义的理念。

另一方面，共享资源的推广。信息科技的发展基于共享和开源的理念，这也是集体主义的体现。在信息科技的教学过程中，教师可以引导学生使用开源软件，分享自己的学习资源和成果，以此让学生理解，科技的发展需要每个人的共享和贡献，而不是单打独斗。

3. 理想教育

理想教育是指通过教育引导学生形成正确的人生观和价值观，确立远大的人生目标，培养他们为实现目标而不懈努力的精神。在信息科技教学中，理想教育主要体现在以下三个方面。

（1）激发科技理想。在信息科技教学中，教师可以通过介绍科技的发展历程、科技人员的成就和奉献，以及科技对社会和人类生活的影响等，激发学生对科技的热爱和向往，帮助他们确立科技理想。例如，讲述中国空间站的全面建成、华为的科技创新等，可以激发学生对科技的向往和对未来的憧憬。

（2）培养科技创新精神。信息科技教学注重实践和创新。在教学过程中，学生可以体验到科技创新的乐趣，这有利于他们培养科技创新的理想。在具体教学过程中，教师可以引导学生独立思考，鼓励他们尝试用不同的方法挑战未知的领域，从而培养他们的创新精神和独立思考的能力。

（3）明确科技的个人发展方向。在信息科技教学中，学生可以根据自己的兴趣和特长，选择不同的科技领域进行深入学习和探索，这有利于他们明确自己的个人发展方向，也有利于他们确立自己的人生理想。例如，喜欢编程的学生可以立志成为软件工程师，对人工智能感兴趣的学生可以立志成为人工智能专家等。

（二）智育功能

1. 培养学生的观察力

信息科技教学对于培养学生的观察力起着至关重要的作用。在信息科技的教学过程中，无论是对计算机硬件的认知、编程逻辑的理解，还是网络安全的掌握，都需要学生具有敏锐的观察力。例如，在学习编程时，学生需要观察程序的运行情况，分析代码中可能存在的错误和潜在的改进空间。在学习网络安全时，学生需要观察网络行为，分析可能存在的安全风险。通过这样的实践活动，学生的观察力能够得到极大的锻炼和提升。再如，在学习数字媒体制作或 3D 建模时，良好的观察力可以帮助学生更好地理解并运用设计原则和技巧，使他们的作品更具艺术性和实用性。而这一切，都源于信息科技教学对学生观察力的培养。因此，可以说，信息科技教学不仅为学生提供了观察的对象，更为学生提供了观察的方法，它是培养学生观察力的有效途径。

2. 培养学生的记忆力

信息科技教学对于培养学生的记忆力具有极大的帮助。首先，信息科技本身就是一种高度系统化的知识体系，涉及的概念、原理和技术非常丰富，必然会对学生的记忆力形成挑战。其次，信息科技教学通常采用“理论联系实际”的方式进行，学生需要将理论知识转化为实际操作，这个过程对记忆力的要求极高。例如，在编程教学中，学生需要记住各种编程语法和规则，然后运用这些知识进行实践。再次，在学习电脑硬件或网络设备时，学生需要记住各种设备的性能参数、工作原理以及如何配置才能使用它们。此外，教师还可以利用各种数字工具和在线资源，如交互式教学软件、在线课程、学习管理系统等为学生展开信息科技教学，这些工具和资源为学生的学习提供了强大的支持，能够帮助学生更好地记忆和理解知识。总之，通过信息科技教学，学生的记忆力能得到有效的锻炼和提升，这对他们整体学习能力的提升和智力发展都是极其有利的。

3. 培养学生的思维能力

在信息科技教学中，培养学生的思维能力是非常重要的一环，这不仅涵盖了逻辑思维、抽象思维、批判性思维，还包括了创新思维、系统思维等多种思维方式。例如，编程教学就是一种对学生逻辑思维和抽象思维的极好训练，学生需要学会如何将复杂的问题分解为一步步可操作的指令，并通过编写代码将这些指令具象化。而在研究网络安全或数据分析时，学生需要发挥批判性思维，对信息进行深入分析，识别问题，提出解决方案。此外，随着科技的不断发展，问题的复杂度也在不断增加，因此学生需要学会系统思维，从整体角度理解和处理问题。在创新设计项目中，学生又需要运用创新思维，通过联想、推理等方式，产生新的想法和解决方案。

4. 培养学生的想象力

中小学信息科技教学的开展，有助于培养学生丰富的想象力。在这个不断变化、充满可能性的领域，想象力不仅有助于学生理解新的概念和技术，更能激发他们的创新精神和探索欲望。在学习数字媒体制作时，想象力可以帮助学生设计出具有创新性和艺术性的作品；在科技创新项目中，学生需要通过想象力提出新颖的想法和解决方案，实现他们对未来世界的设想。此外，信息科技的快速发展也要求学生能够预见并适应未来的变化，这同样需要强大的想象力。因此，通过信息科技教学，教师不仅能培养学生的技术技能，更能激发和提升他们的想象力，为他们的全面发展打下坚实的基础。

（三）体育功能

1. 教育学生爱护自己的身体

信息科技教学可以起到教育学生爱护自己身体的作用。在今天这个数字化时代，孩子们会花费大量时间在电脑、手机和其他电子设备前，这可能对他们的视力、坐姿以及整体健康造成负面影响。在信息科技课程中，教师可以引导学生正确使用这些电子设备，如提醒他们保持正确的坐姿，避免长时间连续使用电子设备，定时休息和活动身体，以及保持良好的用眼习惯等。通过这些指导，学生可以养成良好的健康习惯，更加重视自己的身体健康。同时，通过对电子设备的了解，学生也更容易理解这些设备给自身健康可能带来的影响，并采取措施减少其负面效果。由此一来，信息科技教学不仅提升了学生的科技技能，也能够教育他们如何在数字化时代爱护自己的身体，促进他们的健康成长。

2. 提升学生体力

通常情况下，虽然信息科技教学主要关注的是提高学生的智力和技能，但其实它也可以对学生的体力产生积极影响。当提到信息科技教学时，人们往往会想到坐在电脑前的编程或者设计等活动，但实际上，信息科技教学的领域已经远远超出了这些。例如，现在越来越多的学校开始引入机器人制作、虚拟现实等活动，这些活动在提升学生技术能力的同时，也在一定程度上锻炼了学生的体力。机器人制作需要学生亲自动手装配、调试机器人，这需要学生有一定的耐力。虚拟现实的体验则是全身心地投入，身体的每一个动作都可能会影响到虚拟世界中的效果，这些活动都在不同程度上提升了学生的体力。同时，这些活动还能够提升学生的体验感，让他们在参与的过程中更加投入，从而达到更好的学习效果。

3. 锻炼学生的意志力

中小学信息科技的教学过程通常是困难重重的，需要学生面对复杂的问题和挑战，如理解和应用抽象的编程概念，解决技术故障，或者完成长期的项目，这些任务对学生的毅力和决心提出了严格的要求。信息科技教学鼓励学生坚持探索和实践，面对失败时不放弃，而是从错误中学习，积极寻找解决方案。在这个过程中，学生的意志力会得到极大的锻炼和提升。通过不断努力和坚持，学生将建立起对自身能力的信心，对困难的恐惧将逐渐减少。这不仅有助于他们在信息科技领域的学习，更将对他们的人生观和价值观产生深远影响，帮助他们在面对生活中的困难时，能保持坚韧不拔的精神，积极应对各种挑战。

（四）美育功能

1. 培养学生认识美的能力

美是综合性的，包括形式美、内容美、和谐美、创新美、科技美等。在信息科技教学中，美的形式和内容丰富多样，通过信息科技教学，学生可以全面提升自己认识美的能力，培养良好的审美眼光。而这种审美能力不仅可以应用于学术领域，更可以丰富他们的生活，提升他们的生活品质。学生认识美的能力具体包括以下五个方面。

（1）对形式美的认识。在信息科技的各个领域中，都可以找到形式美的体现。例如，在网页设计、软件界面设计中，布局、色彩、字体的选择等都需要考虑审美元素，需要平衡功能和形式，使得作品既实用又美观。学生在设计网页和创作软件界面的过程中，可以提升自己对形式美的认识和理解。

（2）对内容美的认识。在信息科技中，内容美主要体现在工作流程的优化、代码的精练等方面。例如，在编程中，高效、优雅的代码就体现了内容美。学生在学习编程的过程中，可以理解并欣赏到这种美。另外，通过探究各种科技产品背后的原理，学生也能体验到科技创新所带来的内容美。

（3）对和谐美的认识。信息科技产品的设计需要考虑各个元素之间的协调，如色彩的搭配、布局的分布、交互的流畅等。在这个过程中，学生可以学习到如何寻找和保持和谐，理解和欣赏到和谐美。

（4）对创新美的认识。信息科技是一个不断发展、创新的领域，每一次科技创新都体现了创新美。学生在了解和使用新科技的过程中，可以感受到创新带来的惊喜和乐趣，体验到创新美。

（5）对科技美学的认识。信息科技将科学、艺术和技术有机结合，形成了独特的科技美学。例如，在虚拟现实、人工智能等领域，科技美学的表现尤为突出。学生在学习和体验这些科技产品的过程中，可以提升自己对科技美学的认识。

2. 培养学生鉴赏美的能力

众所周知，美的存在不仅需要创造，更需要欣赏，而鉴赏美的能力，就是欣赏和理解美的能力。通过信息科技教学，教师可以从多个方面培养学生鉴赏美的能力，使他们能够更好地理解和欣赏美的存在，提升他们的审美能力和生活品质。

（1）欣赏设计美学。实际上，设计美学是一种完整性的体验，是功能、美感和人类交互的和谐结合。在许多信息科技课程中，如界面设计、动画制作、网页设计等，学生们有机会学习并实践设计美学的基本原则。在进行界面设计时，学生需要理解并运用色彩、布局、排版等元素，来创建出直观、易用且具有吸引力的界面。这不仅考验他们的创新思维，也对他们的审美意识有所要求。在动画制作中，学生需要通过图形、颜色、运动和音效的巧妙组合，来创造出富有动态美感的作品；而在网页设计中，学生需要掌握如何有效地布局信息，以做出清晰、流畅的网页界面。在这些实践中，学生不仅学习了如何设计，也在无形中提高了他们对设计美学的欣赏能力。这种审美教育对于学生的全面发展具有深远的影响，它不仅提升了学生的审美水平，也培养了他们的创新思维能力和解决问题能力。

（2）欣赏数字艺术。信息科技教学使得学生有机会接触和欣赏数字艺术，这是一种新兴的艺术形式，它以科技为媒介，将艺术与科技完美结合，创造出让人惊叹的美。例如，3D 打印技术可以实现复杂的三维设计，从而创造出前所未有的艺术作品；虚拟现实技术则为人们的艺术创作提供了全新的空间。学生可以在虚拟世界中创作自己的艺术作品，甚至可以让其他人在虚拟环境中体验他们的作品。这种体验让艺术创作和欣赏都变得更加直观和生动。

（3）欣赏科技伦理美。在信息科技教学中，除了技术的实践操作和理论知识的讲授，科技伦理讲授也是必不可少的一部分。科技伦理包括尊重知识产权、保护个人隐私、数据安全等原则，这些伦理原则并不仅仅是信息科技领域的行为规范，也是社会公正和公平的重要体现，同时也是美的一种展现形式。在尊重知识产权方面，教师教导学生理解并遵守相关法律和规定，不使用未经授权的软件、音乐、图片等资源，这不仅体现了对原创精神的尊重，也是对公正和公平原则的尊重；在保护个人隐私和数据安全方面，通过引导学生理解隐私的重要性，并教授他们如何在网络世界中保护自己的个人信息、如何识别和防止网络诈骗等，既能保护学生自身权益，也能让他们明白尊重他人隐私的重要性。

3. 培养学生创造美的能力

中小学的信息科技教学，通过培养学生的创新思维、为学生提供多元化的学习环境，以及强调实践和创新，有助于培养学生创造美的能力。这种能力不仅能够提高他们的审美水平，还能够为他们未来的生活和工作提供强大的支持。

首先，创造美的能力并不是天生就有的，它需要在长期的实践中学习和锻炼。在信息科技教学中，学生会被教导如何设计并实现自己的想法，如何将抽象的概念转化为实际的成果。在这个过程中，他们会逐渐理解什么是美，如何创造美，并且开始试图将美的元素融入自己的作品中。例如，他们在设计网页或编程的过程中，会逐渐理解如何通过合理的布局、适当的色彩搭配、优雅的代码，来提高整体的审美效果。这种对美的认知和追求，不仅能够提高他们的创造性思维能力，还能够培养他们的审美意识，使他们能够在未来的生活和工作中，创造出更多的美。

其次，信息科技教学为学生提供了一个多元化的环境，使得他们可以从多个角度和层面来理解和创造美。信息科技不仅涉及技术和工程，还涉及艺术、设计、人文等多个领域，这使得学生有机会接触到各种不同的美，从而拓宽他们的视野，丰富他们的审美体验。例如，他们在学习编程的过程中，可以体验到逻辑的美；在学习数字艺术的过程中，可以体验到视觉的美；在学习科技伦理的过程中，可以体验到道德的美。这种多元化的学习体验，不仅能够使他们更全面地理解美，还能够激发他们从不同的角度和层面去创造美。

最后，信息科技教学强调创新和实践，这为学生提供了大量创造美的机会。在信息科技教学中，学生被鼓励去尝试、去实践、去创新，不仅是在技术和知识上，也是在审美和创造上。他们有机会将自己的想法变成现实，有机会用自己的手创造出独一无二的作品。这种对创新和实践的强调，不仅能够提高他们的技术能力，还能够提高他们的创造能力，使他们更有能力去创造新的、独特的、美的事物。

（五）劳育功能

信息科技教学在中小学阶段具有重要的劳动教育功能。劳动教育是指通过劳动活动，使学生在实践中培养良好的道德品质、积极的生活态度以及坚韧不拔的毅力和勇气。这在中小学信息科技教学中表现在以下四个方面。

一是编程劳动的培养。编程可以看作一种精神劳动，它要求学生思维敏捷、反应准确，能够承受挫折和压力。学生在编程的过程中，需要解决各种问题，不断地试错、修改，这种过程正是劳动教育的重要组成部分。在教学中，教师可以通过设置具有挑战性的编程任务，让学生体验到劳动的乐趣，同时培养他们解决问题的能力和承受压力的能力。

二是项目实践的培养。信息科技教学中的项目实践，如制作网页、搭建服务器、设计游戏等，需要学生付出大量的时间和精力，投入实践过程。这种过程也是一种劳动，它不仅让学生学到了知识，更让他们体验到了劳动的过程，了解到成果的来之不易。

三是科技制作的劳动教育。在信息科技教学中，一些实践性的科技制作活动，如 3D 打印、机器人制作等，都需要学生动手操作，这种操作既是技术的实践，也是一种劳动。在这个过程中，学生可以体验到从无到有、从设计到制作的全过程，这不仅锻炼了他们的动手能力，也让他们理解了劳动的价值。

四是科技助人的劳动教育。在信息科技教学中，教师可以引导学生将所学知识和技能用于帮助他人，如为学校或社区的电子设备进行维修，为老年人提供科技上的帮助，等等。这种劳动不仅体现了学生的技术能力，也体现了他们的劳动精神和服务精神。

第二章　中小学信息科技课程教学目标

第一节　中小学信息科技课程教学目标的内涵与功能

一、教学目标的内涵

教学目标是教师对学生的一种期望，描述了学生在完成一段教学活动后应达到的学习结果和水平程度，这是对学生的行为或行为倾向应该发生何种变化的预见性陈述，旨在最终实现预定的结果。因此，教学目标也被称为结果性目标，预示着学生学习活动的期望结果。教学目标是一个多层次的目标体系，从高到低，可以按照课程教学目标、单元教学目标、课时教学目标等不同层次进行划分。其中，课程教学目标强调整体理念和大的发展方向，概括全课程的总体指向；单元教学目标注重细分的学习阶段，明确特定学习单元的目标要求；课时教学目标是对教学目标的进一步精细化，针对每一课时的教学，明确具体的学习目标和要求。整个教学目标体系呈现出层层递进的特点，下一层目标是上一层目标的细化和实现。从总体到具体，再到每一课时的细节，都有明确的目标导向。这种层次化的目标设置不仅使教师的教学工作更有条理、更加明确，也有助于教师引导学生更有效地学习，使学生的学习活动更有目标性和方向性，更能有效地达成预期的学习结果。课程教学目标的层级关系如图 2-1 所示。

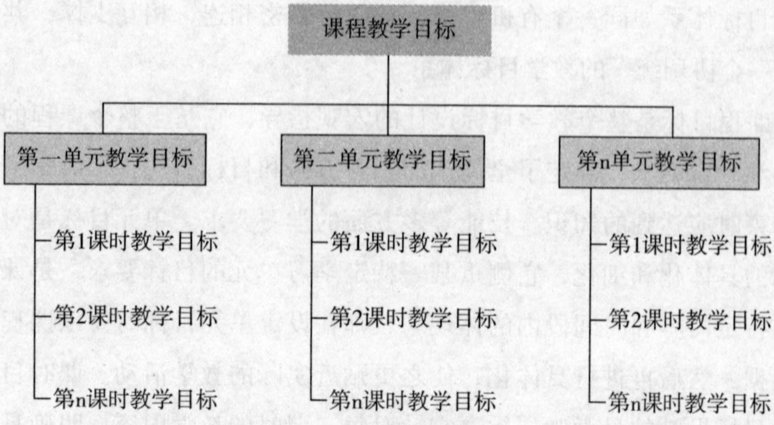

图 2-1　课程教学目标层级关系

教学目标的设定，特别是针对中小学信息科技课程的教学目标，不仅揭示了信息科技教育的大方向，而且与全国普通中小学教育的总体目标和任务紧密相连。这是因为教育的目标，既是对受教育者整体素质的规定，也是所有教育工作者努力的起点和终点。此外，教育的所有目标都需要通过教学才能实现，这就意味着，教学本质上就是一种手段，教师通过它来帮助学生实现教育目标。对于教育工作者来说，一个重要的课题就是如何将教育的目的转化为具体可行的教学目标，并以此来指导教学的实施，这不仅是教学实践的重要环节，也是探索和实践信息科技教学的关键步骤。

二、教学目标的特点

总的来说，教学目标应具备以下四个特点。

（一）整体性

教学目标的设计是一个系统性和连贯性的过程，其特点是各个层次之间既相互区别又相互联系，从而形成一个整体。各课时目标既有各自独立的学习重点，也与单元目标和课程目标有着紧密的联系。课时目标的实现有助于达成单元目标，单元目标的实现则有助于实现课程目标。整个目标体系如同一个有机整体，各部分紧密相连，相互支撑，共同构建了一个协调统一的教学目标体系。

课程目标是整个教学目标设计的宏观指导，它基于整个课程的精神内涵和教育要求，确定了全局性的学习方向和目标，包含了对学生在课程结束时应达到的知识、技能等多方面的学习要求。单元目标是对课程目标的具体化和细化，它侧重某一特定学习单元的目标要求，是课程目标在特定内容和时间段内的体现。教师在设定单元目标时要以课程目标为依据，然后再进行具体化，使之更贴近实际的教学活动。课时目标是教学目标设计的最微观层次，它针对每一课时的教学内容，明确具体的学习目标和要求，对学生在每一堂课上应学到什么、达到什么程度做出具体的规定。

（二）灵活性

教学目标的设计强调灵活性，因为教育过程需要满足不同学生的个性化需求、尊重并关注每个学生的个性差异，以保证所有学生都能实现最大限度的进步。这种灵活性要求教师设定的教学目标必须能够适应各种不同层次的学生，不仅要考虑到整体教学的需要，同时也要考虑到各个学生的特殊需求和实际情况。只有这样，才能让所有学生在学习过程中都能得到充分的锻炼，收获丰富的学习成果。具体来说，教学目标的设计会因学生的差异而不同。对于同一教学内容，不同能力、兴趣和经验的学生可能会有不同的学习目标，因此，教学目标需要充分考虑学生的个体差异，灵活调整，以适应不同学生的需要。同时，教学目标的设定也会随着教学环境的变化而调整，在不同的教学环境中，教学目标可能会有所不同，因此教师需要根据实际情况灵活设定教学目标。

（三）层次性

教学目标的设计具有明显的层次性特征，体现了知识和技能的递进与提升。对于技能类的教学内容，教学目标往往是从简单到复杂的层层递进。在最初阶段，教学目标可能主要集中在识记和基础的机械操练，随后逐步提升至模仿操练，最后，教学目标则向能够运用所学知识灵活解决问题，乃至进行创新思考的高层次目标迈进。这种层次性体现了教学目标从低到高，从基础到高级的递进过程。每个高层次的目标都依赖其下一层次的目标，构成了一个紧密的支撑体系。例如，如果学生能够灵活运用和创新自己所学知识，那就表明他们已经掌握了基础的识记和机械操练。

教师在评估学生的学习成果时，将焦点放在高层次目标的评估上，是一种常见的策略。这是因为，如果高层次的目标已经达成，那么相应的低层次目标也一定已经实现，这种评估方式更能体现出学生的综合能力和高级技能。因此，教学目标的层次性不仅有助于教师组织和指导教学活动，也为教师评价学生的学习结果提供了明确的依据。通过层层递进的教学目标设计，教师能够更有针对性地组织教学活动，引导学生从基础到高级，逐步提升自己的能力和素质。

（四）可操作性

教学目标的设计需要具有明确的可操作性，这是因为所有的教学目标都必须依赖教学活动来实现。可操作性体现在教学目标应该是明确、具体和可衡量的，这样才能确保教学活动能够有针对性地进行，并且使教师对学生的学习成果进行有效的评估。教学目标的可操作性主要表现在以下三个方面。

一是教学目标需要清晰地描述出学生预期的学习行为，这些行为应该是在特定的教学环境下，学生需要表现出来的知识掌握、技能运用或态度表现，是教学活动的指导，也是教学评价的依据。因此，教学目标的描述需要具体明确，避免使用模糊不清的语言，以确保教师和学生都对其有清晰的理解。二是教学目标需要是可衡量的，因为只有可衡量的教学目标才能让教师了解学生的学习进度和成效，从而进行有针对性的教学调整。教师可以通过观察、测试或其他形式的评估方式来检验学生是否达到了教学目标。三是教学目标的设计应该着眼学生的学习行为，而不是教师的教学行为，因为教学的最终目的是促进学生的学习，教师的教学行为只是达到这个目的的手段。因此，教学目标的描述应该集中在学生应该达到的学习结果上。

三、中小学信息科技的教学目标

在中小学的信息科技课程中，教学目标以一个具有递进关系的体系呈现，这个体系包含了课程教学目标、单元教学目标，以及课时教学目标，这三个层次的目标相互关联，逐层递进，形成了一个完整的、有机的系统。课程教学目标是该系统的顶层目标，它定义了整个课程的总体方向，围绕核心素养展开，力求体现课程的性质，反映课程的理念。中小学阶段的信息科技教学目标旨在培养学生的信息素养，以便他们充分理解和应用信息科技的知识，将其运用到实际生活和未来的学习中去。因此，课程教学目标是整个教学目标体系的“风向标”，它为下一级的单元教学目标提供了方向。单元教学目标是针对课程中的各个主题或单元设定的，每个单元的目标都是对课程教学目标的具体化和细化，教师需要在符合总体课程教学目标的前提下，针对单元内容设定具体、明确的学习目标。这些单元目标都是为了更好地实现课程教学目标。课时教学目标是最细化的教学目标，它针对每一次的教学活动，明确学生需要达到的学习效果。课时目标为教师的具体教学活动提供了方向，也为学生的学习提供了明确的指引。

对于中小学信息技术课程的任务和教学目标，中华人民共和国教育部（以下简称“教育部”）在2000年颁布的一部文件中做出了明确说明，即“培养学生对信息技术的兴趣和意识，让学生了解和掌握信息技术基本知识和技能，了解信息技术的发展及其应用对人类日常生活和科学技术的深刻影响……注重培养学生的创新精神和实践能力”。同时，这一文件将中小学信息技术教学目标划分为三个不同层次，分别为小学阶段、初中阶段和高中阶段，基本都是从“零起点”开始的。这些教学目标着重强调要培养学生的探索学习、自主学习能力，提升他们的协作精神和运用信息技术解决实际问题的能力。2022年，教育部将义务教育阶段的“信息技术”课程更名为“信息科技”课程，阐明义务教育阶段的信息科技课程具有基础性，为学生高中阶段的信息技术课程的学习奠定了良好的基础。同时规定了义务教育阶段信息科技教学的总目标，即“树立正确价值观，形成信息意识；初步具备解决问题的能力，发展计算思维；提高数字化合作与探究的能力，发扬创新精神；遵守信息社会法律法规，践行信息社会责任”。教育部还对小学阶段、初中阶段的信息科技教学目标做出了规定，而且基本是从“非零起点”开始的。

通过以上分析可知，中小学信息科技教学目标表现出以下四个特点。第一，随着教学的逐步规范化，不同学段的教学目标需要有明确的区别，减少重叠。每个学段都有其独特的教育目标和特点，教学目标应该反映这些特点，满足不同学段学生的学习需求。例如，小学阶段的信息科技教学目标可能更注重基础知识的掌握，而初中与高中阶段则可能更重视深度学习和创新思维的培养。第二，教学目标的设置并不一定需要面面俱到，过多的教学目标可能会使得教学重点模糊，给学生和教师带来额外的压力。教学目标应当集中反映对中小学生核心素养和主要能力的培养，明确突出重点，以便学生有针对性地学习。第三，教学目标的要求应与课程地位和课时安排相对应。这意味着教学目标应该根据信息科技课程在总体教学计划中的位置，以及为该课程分配的课时数量来设定。这样做可以确保教学目标的实际可行性，防止因课时不足或课程地位较低而导致教学目标无法达成。第四，教学目标要求的学习水平和行为动词的表述应符合国家课程标准规范用语。这意味着，教师在描述学习目标时，应该使用一致的、标准的语言，这样可以确保教学目标的明确性和一致性，让所有的学生都能对教学目标有清晰的理解。

四、中小学信息科技教学目标的功能

中小学信息科技教学目标是信息科技课堂教学活动的出发点和落脚点，也是师生进行一切信息科技教学活动的主要依据。整合中小学信息科技的教学理论观点，从系统论的角度来看，中小学信息科技教学目标的功能主要包括以下四种，如图 2-2 所示。

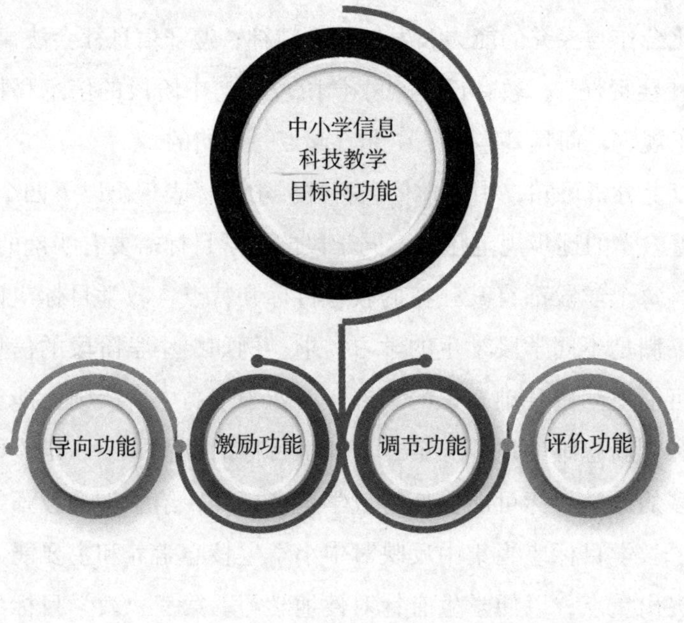

图 2-2 中小学信息科技教学目标的功能

（一）导向功能

教学目标的设计反映了教师对学生行为变革的期望，这要求教师在教学过程中应细致入微地思考如何辅助学生实现这些行为变革。在中小学的信息科技课程中，教师并非仅在传递知识，更重要的是教会学生学习的方式，培养他们的学习习惯。教师需要区分“学会”与“会学”两种状态，“学会”可以理解为实质性的学习，即对知识和技能的掌握；而“会学”则可以视为形式性的学习，即掌握学习的方法和习惯。在优质的教学中，教师不仅要追求实质性的收获，也就是让学生获取知识，同时也要注重形式性的收获，即教会学生如何获取知识，以及如何形成持久的学习习惯。这就是中小学信息科技课程的教学目标所包含的，也是教育工作者应始终追求的教学目标。

通常人们所提到的“举一反三”实际上是一种知识迁移的体现，这种迁移包含两个层面，一是实质性的迁移，二是形式性的迁移。实质性的迁移是指从一个知识领域到另一个知识领域，或从一项技能到另一项类似技能的延伸和迁移，这种基于具体知识或技能的迁移，被教育学家杰罗姆·布鲁纳（Jerome Bruner）称为“特殊迁移”。与此同时，知识迁移还包括形式性的迁移，这种迁移涉及更深层次的“原则和态度”的转变。这种迁移并非直接依赖具体的知识和技能，而是关系到学生理解和应用知识的方式，被布鲁纳称为“非特殊的迁移”。在完整的教学过程中，教师应该同时关注这两种类型的知识迁移。实质性的迁移帮助学生将已经学习的知识和技能应用到新的、类似的领域，进一步巩固和拓展他们的知识体系；而形式性的迁移则帮助学生从学习过程中抽象出适用于各种情境的原则和态度，让他们能够在面临全新挑战时，运用这些原则和态度解决。这两种迁移互相补充，共同推动学生的全面发展。

中小学信息科技教学目标的导向性主要体现在三个关键领域：教师的教学策略选择、学生的学习过程和教学成果的测量与评估。其一，教学目标指引教师进行教学内容的选择、教学方法的设定、教学技术的应用以及教学媒体的运用。教师以教学目标为基准，组织和构建教学活动，以行之有效的方式传授知识，帮助学生培养信息科技技能和形成价值观。其二，教学目标在引导学生学习方面也扮演着重要的角色。明确和具体的教学目标可以有效提高学生的学习效果。教师在课程开始之前向学生明确展示教学目标，可以帮助学生了解自己学习的方向和目标，从而更有针对性地进行学习。其三，教学目标是衡量和评估教学成果的重要依据。通过与教学目标的对比，教师可以有效地评价教学质量和效果，为进一步提高教学质量提供依据。

（二）激励功能

教学目标在中小学信息科技教学中发挥着关键的激励作用，具体表现在两个方面：一方面是“激发”功能，另一方面是“励志”功能。前者指的是“激发”学生的学习兴趣和动机，后者指的是“励志”提升师生的自我效能感和信心。这两个方面相互促进，共同推动了学生的学习进步和教师的教学效果。

1.“激发”功能

教学目标能够激发学生的学习动机，引发学生对新学习任务的兴趣和期望。当教学目标与学生的内在需求相符合，且难度适中时，学生会对完成这些目标产生强烈的欲望。这种欲望不仅可以激发学生的学习兴趣，还可以将学生的这种兴趣转化为他们积极参与教学活动的动力。因此，教学目标在激发学生学习兴趣、增强学生学习动机上发挥着至关重要的作用。

2.“励志”功能

教学目标可以帮助师生提升自我效能感，从而增强他们完成任务的信心。一个明确、具体的教学目标能够让教师明确了解自己的任务，这有助于他们在面对挑战时保持信心和决心。同时，当他们成功达到教学目标时，会感到满足，这又会激发他们在未来的教学中继续努力。因此，教学目标在提升教师的自我效能感方面起着积极的推动作用。

教学目标包含思想品质的培养，具体涉及明确的政治导向、深厚的爱国情怀、适当的学习驱动、科学的世界观以及理性的思维态度等重要元素。教师在制定教学目标时，这些品质被明确地标识出来，并在教学的全过程中注重对学生的思想教育。具体来说，为学生树立正确的政治方向和爱国主义情操是中小学思想教育的重要组成部分，正确的学习动力是推动学生不断学习和进步的关键，辩证唯物主义世界观和科学的态度是引导学生理性思考、科学探索的重要基石。将这些思想品质融入教学目标中，将有助于教师在教学各阶段和环节中，更加系统、全面地对学生进行思想教育，从而培养学生高尚的思想情感，为他们的全面发展打下坚实的基础。

（三）调节功能

教学目标在中小学信息科技课程的教学过程中起到了重要的调节作用，影响和制约着教学策略的选择、具体课堂教学环节的设定，以及教师和学生的行为。这种调节作用旨在保证教学活动的有效性和效率，使教学过程更加合理和科学，从而更好地实现教学目标，提高教学质量。

教学目标在选择教学策略方面起到了重要的调节作用。教学策略是实现教学目标的手段和路径，因此，教学目标的设定，决定了教学策略的选择。如果教学目标是培养学生的信息科技基础知识和技能，那么教学策略可能会偏向知识传授和技能训练；如果教学目标是培养学生的创新思维能力和团队合作能力，那么教学策略可能会偏向项目导向和团队合作的教学模式。

教学目标对具体的课堂教学环节设定起着调节作用，这些课堂教学环节包括教学内容的安排、教学方法的使用，以及教学进度的控制等。教学目标作为教学活动的指向，会影响教学内容的选取和组织，决定哪些内容需要重点介绍，哪些内容可以作为辅助或延伸。教学方法的使用也会因为教学目标的不同而调整。例如，如果教学目标是让学生掌握编程语言的基本语法，那么直接教授和讲解可能是较为有效的方法；如果教学目标是让学生理解编程思维和解决问题的策略，那么项目导向的学习和探索式学习可能更为合适。

教学目标对教师和学生的行为也起到了调节作用。对于教师来说，教学目标使他们明确了教学的方向和重点，从而能更有针对性地组织教学活动，进行教学评价；对于学生来说，教学目标使他们了解了学习的目的和要求，从而能更有目标性地进行学习活动、自我评价和自我调整。

（四）评价功能

现代教学评价强调适应并发展个人的能力和能力倾向，要求教师以教学目标的达成度作为评价学生的主要依据，按照学生的实际掌握情况来评价他们的学习成果；尊重并发展学生的个性和潜能，为他们的综合素质提升提供评价参考，而非单纯依赖考试分数或者排名。

中小学信息科技课程的教学评价过程主要包括诊断性评价和形成性评价两种主要形式，它们共同的核心在于以教学目标作为评价的准则。教师只有先提供可测量的教学目标，才能实施有效的教学评价。诊断性评价主要用于检测学生的知识理解和技能掌握情况，识别学生的学习难点和问题，以便教师在教学过程中做出相应的调整；而形成性评价则主要关注学生的学习过程，对学生在掌握知识和技能过程中的进展情况进行持续的跟踪和评价，以便及时提供反馈，引导学生调整学习策略。在实施教学评价时，教学目标不能仅仅依赖教师的预期和假设，而应确切反映学生需要达成的学习效果。如果教师在描述教学目标时过于抽象，如频繁使用“认识”“了解”“初步掌握”“深入了解”等模糊不清的词汇，那么其在设计评价题目时就会缺乏具体、明确的参照标准。这将直接影响评价的效度和信度，使得教师在用此类评价方法去衡量学生的学习效果和水平时容易出现偏差。因此，教师要想对学生的学习水平进行科学的评价，对学生的学习结果做出客观的评估，必须有明确的教学目标。

只有具备清晰、具体的教学目标，才能保证评价的准确性和公正性，从而为学生提供真实、有效的学习反馈，有利于他们更好地调整学习策略，提高学习效果。

总之，在中小学信息科技课程的教学过程中，教师应该充分发挥教学目标的各项功能，即导向功能、激励功能、调节功能和评价功能，有意识地对学生进行教育。在这个过程中，教师要注重实践、观察和实验教学，以增强学生的感性认识；还要对学生进行定性分析和形象思维训练，激发学生的学习兴趣，培养他们善于观察、思考和实验的学习习惯。

第二节　中小学信息科技课程教学目标的分类与编写

一、中小学信息科技课程教学目标的分类

按照美国心理学家本杰明·布鲁姆（Benjamin Bloom）的目标分类学观点，可以将中小学信息科技课程教学目标划分为三大类，分别为认知类教学目标、动作技能类教学目标以及情感类教学目标。

（一）认知类教学目标

根据学生学习的进程，布卢姆将认知类教学目标划分为六个不同的层次，由低到高依次为识记、领会、应用、分析、综合、评价。[①]根据中小学信息科技课程的特点与任务，可以将这一学科的认知类教学目标划分为五个层次，分别为记忆、理解、简单应用、综合应用、创见，如表2-1所示。

① B.布卢姆．目标分类和掌握学习思想与论著选读：附J.H.布洛克[M]．北京：中国环境科学出版社，2006：144-159.

表 2-1　认知类教学目标层次对照

<table>
<tr><th colspan="2">布鲁姆认知目标分类体系</th><th colspan="2">中小学信息科技教学目标层次体系</th></tr>
<tr><td>1</td><td>识记</td><td>A</td><td>记忆</td></tr>
<tr><td>2</td><td>领会</td><td>B</td><td>理解</td></tr>
<tr><td>3</td><td>应用</td><td>C</td><td>简单应用</td></tr>
<tr><td>4</td><td>分析</td><td rowspan="2">D</td><td rowspan="2">综合应用</td></tr>
<tr><td>5</td><td>综合</td></tr>
<tr><td>6</td><td>评价</td><td>E</td><td>创见</td></tr>
</table>

在中小学信息科技教学目标中，认知类教学目标的不同层次反映了认知过程的深度和复杂度，这些层次包括记忆、理解、简单应用、综合应用和创见，涵盖知识学习和使用的全过程。

第一，记忆。记忆是认知目标的基础层次，主要涉及对信息、事物、原理、方法或结构的记忆和回忆。这个阶段是知识积累的过程，强调学生对学习内容具体事实和细节的掌握。

第二，理解。理解层次要求学生理解和解释知识内容，包括理解概念的含义、原理的应用以及知识与实际生活的关联。在这个阶段，学生需要掌握知识的内在含义，并能够利用这些知识进行有效的交流。

第三，简单应用。简单应用层次要求学生能够在特定的情况下，正确地使用所学知识解决问题。相比理解，应用层次对学生的要求更高，需要他们能够独立思考，将抽象的知识概念与实际情境相结合。

第四，综合应用。综合应用层次要求学生将各个组成部分整合为一个整体，这是一个对信息或知识片段进行处理和再组合的过程。学生需要运用已有的知识和新材料，重新组织和整合，形成一个新的、更具有内在联系和逻辑性的知识体系。这个过程涉及对知识结构的理解和重构，要求学生能够运用对知识的深层理解，对其进行创新性的整合。

第五，创见。创见层次是认知目标的较高层次，要求学生能在与课堂知识学习相关的问题或活动中发现问题、分析问题，并能够创造性地运用相关知识和技能解决问题。在这个阶段，学生需要将已经学习的知识运用到新的情境中，通过独立思考和探索，解决实际问题。这一阶段的目标涉及创新思维和创新能力的培养，是对学生最高层次认知能力的要求。

布卢姆的教学目标分类学给教育界带来了一种全新的理论视角和实践方法，为教学目标的设定和评估提供了清晰的指导框架。在布卢姆未提出教学目标分类学之前，教学目标往往呈现出抽象、模糊和笼统的特点，这无疑给教师带来了很大的困扰。布卢姆的教学目标分类学通过详尽和具体的分类，使教学目标具备了可观察性和可测量性，有效地解决了这一问题。布卢姆教学目标分类学的核心思想是，教学目标应具有明确的、可观察的、可评估的特性。这样，教师就可以依据这些具体的目标，进行有效的教学内容设计和评价，让教学活动更有针对性，同时也能明确地了解学生的学习进度和效果。布卢姆的教学目标分类学还克服了教学目标缺乏连贯性和序列性的问题，强调教学目标之间的连续性、递进性和积累性，将学习过程构建为一个层次分明、逐步深化的过程，这一点为教师明确学习的阶段性成果，掌握教学节奏提供了很大的便利。由于布卢姆的教学目标分类较为烦琐复杂，对于广大中小学教师而言，可能需要花费大量的时间和精力去理解和掌握。因此，为了让布卢姆的教学目标分类学能够更广泛地应用于教育实践，各中小学校有必要对其进行适当的简化和调整。只有这样，教师才能更便捷地使用布卢姆的教学目标分类学，从而更好地提高教学效果和质量。

（二）动作技能类教学目标

美国伊利诺伊大学的辛普森（Simpson）把动作技能领域的教育目标做出了划分，分别为感知、定势、指导下的反应、机械动作、复杂的外显反应、适应、创新。① 基于此，在中小学的信息科技课堂教学中，信息科技设备的使用被视为动作技能领域的学习，这一过程通常可以被划分为三个阶段：认知模仿阶段、联系形成阶段以及自动化阶段，如表 2–2 所示。

表 2–2　动作技能教学目标层次对照

<table>
<tr><th colspan="2">辛普森动作技能目标体系</th><th colspan="2">中小学信息科技教学动作技能目标体系</th></tr>
<tr><td>1</td><td>感知</td><td rowspan="3">A</td><td rowspan="3">认知模仿阶段</td></tr>
<tr><td>2</td><td>定势</td></tr>
<tr><td>3</td><td>指导下的反应</td></tr>
<tr><td>4</td><td>机械动作</td><td rowspan="2">B</td><td rowspan="2">联系形成阶段</td></tr>
<tr><td>5</td><td>复杂的外显反应</td></tr>
<tr><td>6</td><td>适应</td><td rowspan="2">C</td><td rowspan="2">自动化阶段</td></tr>
<tr><td>7</td><td>创新</td></tr>
</table>

辛普森的动作技能目标层次是一种深入探索和解析动作技能发展的理论模型，旨在揭示学习者在掌握和运用动作技能方面的发展过程。这

① 哈罗，辛普森．教育目标分类学：动作技能领域 [M]. 施良方，唐晓杰，译．上海：华东师范大学出版社，1989：155-163.

个模型由七个具体的层次组成，分别是感知、定势、指导下的反应、机械动作、复杂的外显反应、适应以及创新。

第一，感知。感知是动作技能学习的基础阶段，主要涉及运用各种感官接收并处理信息，以便了解和掌握动作技能的基本知识、性质和功效。这一阶段的目标是建立对动作技能的初步认识和理解。

第二，定势。定势是动作的预备阶段，包括了心理准备、生理准备和情绪准备。在这个阶段，学习者需要通过对相关知识和信息的吸收与处理，为即将到来的动作执行进行必要的准备。

第三，指导下的反应。这是动作技能学习的早期实践阶段。在这一阶段，学习者开始尝试模仿并执行相关的动作，可能会出现一些错误和偏差，但通过教师的评价和反馈，学习者可以评估并调整自己的动作，使之更接近预期的标准。

第四，机械动作。这标志着学习者已经能够以一定的熟练度执行相关的动作。这一阶段的动作反应已经变成了习惯，可以自然而然地执行。

第五，复杂的外显反应。这是动作技能学习的熟练阶段。学习者在这一阶段可以熟练、准确、迅速、流畅且稳定地执行包含多个复杂动作模式的技能。

第六，适应。这是动作技能学习的高级阶段，此时学习者已经具备了高度的动作技能，并且可以灵活地调整自己的动作模式，以适应特定设施或情境的需求。这一阶段的学习者通常可以在多种复杂环境中自如地展示自己的动作技能。

第七，创新。这是动作技能学习的最高阶段。此时学习者不仅可以熟练自如地展示动作技能，而且还能根据实际需求创造出全新的动作模式。这一阶段的学习者已经不再是动作技能的模仿者和执行者，而是动作技能的创造者和创新者。

中小学信息科技教学中动作技能三个层次目标的具体含义如下。

第一，认知模仿阶段。作为动作技能学习的初始阶段，这一阶段的主要任务是让学生理解技能的基本要求，并开始掌握技能的局部动作。在这个阶段，学生主要通过观察和模仿教师或其他优秀示范者的动作来学习相关技能。由于技能和经验的缺乏，学生在这个阶段的动作往往显得忙乱且不协调，通常很难发现自己的错误和不足。

第二，联系形成阶段。这一阶段的主要任务是让学生学会如何协调和整合不同的局部动作，使他们形成连贯的动作序列，排除动作间的相互干扰。这个阶段需要大量的练习和反馈，以便学生可以调整和优化自己的动作，提高动作的流畅性和准确性。

第三，自动化阶段。在这个阶段，学生已经掌握了动作技能，可以轻松、流畅、准确地执行一系列的动作，而无须过多的思考和专注。动作已经成为学生的一种习惯，可以自动完成。处于这一阶段的学生不仅可以熟练操作信息技术设备，还可以自由地将注意力转移到更高层次的认知活动上，如解决问题、分析数据、创新设计等。

（三）情感类教学目标

在教育的过程中，情感教育占据着举足轻重的位置。无论是知识、技能、行为还是习惯，都无法脱离一定的价值标准存在。情感类内容的学习是一种连续的内化过程，涉及接受、反应以及评价等环节，最终将外部的价值标准转化为个体的内在价值。教育心理学家克拉斯沃尔（Krathwohl）基于价值内化的程度，将情感领域的学习目标划分为五个阶段：接受、反应、评价、组织以及性格化。[①] 基于此，中小学信息科技教学的情感领域目标可以划分为三个层次，分别为顺从、认同、内化，如表 2–3 所示。

克拉斯沃尔的情感层次目标的具体含义如下。

① 克拉斯沃尔，布卢姆．教育目标分类学：情感领域 [M]. 施良方，张云高，译．上海：华东师范大学出版社，1989.

第一，接受。这一阶段关键的表现是学生愿意注意到特定的现象或刺激。例如，他们积极聆听讲解、参与各种活动，并对某个观念或问题产生关注。这一阶段的主要任务是引导学生开放自己，接收新的知识和信息。

表 2–3　情感态度类教学目标层次对照

<table>
<tr><th colspan="2">克拉斯沃尔层次体系</th><th colspan="2">中小学信息科技教学情感目标层次体系</th></tr>
<tr><td>1</td><td>接受</td><td rowspan="2">A</td><td rowspan="2">顺从</td></tr>
<tr><td>2</td><td>反应</td></tr>
<tr><td>3</td><td>评价</td><td rowspan="2">B</td><td rowspan="2">认同</td></tr>
<tr><td>4</td><td>组织</td></tr>
<tr><td>5</td><td>性格化</td><td>C</td><td>内化</td></tr>
</table>

第二，反应。在这一阶段，学生不再仅仅是被动地接收信息，而是开始积极地反馈和参与其中。他们会完成老师布置的任务，提出自己的见解或建议，积极参加小组讨论，遵守网络道德规范等。这一阶段主要表现为学生对特定刺激或现象的主动反应和高度的参与。

第三，评价。这一阶段的核心是学生开始用自己接受的价值标准对特定的事物、现象或行为进行评判。例如，他们可能会对多媒体作品表示欣赏，或在讨论问题时提出自己的观点。这一阶段的主要任务是引导学生形成独立的评价和判断能力。

第四，组织。在这一阶段，当学生面对多种价值观念时，他们需要对这些价值观念进行比较，确定它们的相互关系和相对重要性，并接受他们认为重要的价值观，最终形成自己的价值观体系。这一阶段主要表现为学生对其自身价值观的整合和系统化。

第五，性格化。在这一阶段，学生通过对价值观体系的组织，逐渐形成个人的品性。他们的言行将受到该价值体系的支配，他们的观念、信仰和态度等融为一体，最终体现为个人世界观的形成。

中小学信息科技教学的顺从、认同和内化三个层次情感目标的含义如下。

第一，顺从阶段是情感教学的初始阶段，主要表现为学生表面上接受他人的观点和建议，但在心理层面并未完全认同。举例来说，当学生刚开始接触网络时，他们可能会对网络上的某些不良信息产生好奇心，这可能会导致他们误入歧途。在这种情况下，教育者需要引导学生遵守网络行为规范，即使在表面行为上，他们也应该遵循这些规范。

第二，认同阶段是情感教学的中级阶段。这一阶段的特征是学生开始在思想、情感和态度上主动接受他人的影响，他们不再仅仅是表面接受，而是开始真正认同和接受他人的观点和建议。

第三，内化阶段是情感教学的高级阶段。在这一阶段，学生将他人的观点和他们自己的观念相结合，形成一个完整的价值体系，构建出属于他们自己的个性化价值观。

二、中小学信息科技教学目标的制定依据

（一）以中小学信息科技课程教学任务为依据

2000 年教育部提出，中小学信息技术课程的主要任务是培养学生对信息技术的兴趣和意识，让学生了解和掌握信息技术基本知识和技能，了解信息技术的发展及其应用对人类日常生活和科学技术的深刻影响。

在中小学的信息科技教学中，教学目标的制定应围绕课程任务展开，致力课程目标的实现。课程目标是对学生应获得的知识、技能、情感态度以及价值观的预设，它为教学活动提供了方向和目标。而教学目标则是课程目标在教学活动中的具体表现形式，是教师在进行教学设计时的具体参照。在中小学的信息科技教学中，课程任务即是要让学生掌握各种信息科技设备的使用，理解信息科技的基本理念，培养学生的信息素养、创新能力、情感态度和价值观。教学目标的制定应该紧密围绕这些课程任务，为达成这些课程任务提供明确的导向。

（二）以中小学生学习特征为依据

在教育实践中，教学目标不仅是教师设计和实施教学活动的基础，也是学生接受教育教学的期望结果，它预设了学生通过学习应达成的知识、技能、情感及态度变化。中小学的信息科技教学目标涵盖了诸多领域，从基础知识技能的掌握，到复杂的信息素养和创新思维能力的培养，再到正确的信息道德情感和价值观的形成。但由于学生个体之间在心理、生理特征及已有的知识和能力基础上存在差异，使得教师在针对具体学习群体进行教学活动设计时，每一堂课的目标也就有所差别。为了应对这种差异性，信息科技教师应根据学生的实际情况制定具体、个性化的教学目标，使其既符合大纲的要求，又能确保多数学生在努力学习后能够达成。例如，对于学习能力较强，已有知识技能基础较好的学生，教学目标可以更加具备挑战性，如了解和利用现代网络通信工具进行交流的技巧，理解各种邮件服务器的不同特性等。在实际教学过程中，这类学生可被鼓励采取自主或协作的方式进行学习，以便更好地拓展和深化已有知识。而对于基础较弱、自主学习能力不足的学生，教师设定的教学目标需要更为基础，如掌握最基本的信息科技设备使用知识和技能。在实际教学过程中，教师需要为学生提供更多的引导和帮助，确保他们可以跟上教学进度。因此，在制定和实施教学目标时，中小学信息科技教师需要根据学生的实际情况和需求，灵活调整教学策略，确保教学目标的达成，以促进学生的全面发展。

（三）以社会发展的需要为依据

教学目标的制定，毫无疑问需要参照教材，但若仅固守这两者，就有可能陷入过于狭窄的“信息科技”领域之中，难以满足社会的多元需求。因此，作为中小学信息科技教师，其在制定教学目标时，必须全面考虑学生的发展规律、性格特点，以及社会对不同类型人才的需求。社会在不断发展演变，对人才的需求也随之改变，中小学信息科技教学的目标就应当立足培养学生应对社会变迁、满足社会需求的能力。换句话说，教育应当引导学生向社会需求的方向发展，让学生在获取信息科技知识技能的同时，也具备更好地适应和服务社会的能力。教学目标的制定，要融入这种全局观念。教师在进行课堂教学时不仅要教授知识、技能，更要指导学生如何将所学知识应用于社会生活，如何通过信息科技更好地理解世界，安排和优化自己的生活。这样的教学目标，才能真正适应社会的发展需求，培养出符合时代要求的人才。

根据教育部2001年发布的文件，信息科技教育应反映21世纪信息时代的精神。这就需要信息科技教师引导学生培养爱国主义和集体主义精神，传承中华民族优秀的传统文化和革命精神。同时，学生也应拥有创新精神，提升实践能力，增强科学和人文素养的意识。此外，这项文件提倡学生要具备适应终身学习的基础知识、基本技能和方法，也要具备良好的心理素质，成为有理想、有道德、有文化、守纪律的时代新人。这个要求明确了中小学信息科技教学不仅是基础教育改革和发展的重要内容，而且是塑造未来人才的方向。中小学信息科技教学应当始终围绕这个目标，全力促进基础教育的改革和发展，从而推动教育模式从“应试教育”转向“素质教育”。

三、中小学信息科技教学目标编写的原则

中小学信息科技教学目标的编写应遵循一些基本原则，如图 2–3 所示。

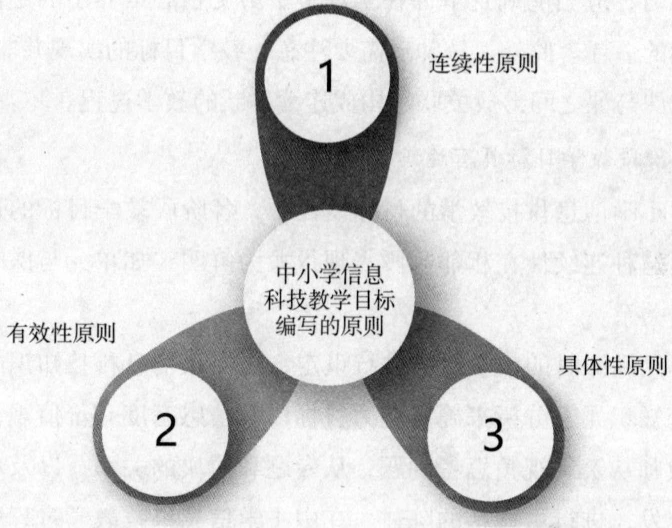

图 2–3　中小学信息科技教学目标编写的原则

（一）连续性原则

1. 历史核心素养的落实要连续

核心素养的培育并非一蹴而就，而是需要在每一节课程中持续、稳定地进行。如同一条线，其连续性意味着在这个过程中，没有间断，没有割裂，只有持续的前进。这种连续性原则，使得历史的核心素养可以在每一节课中得到落实，每一个学期、每一个学年、每一个学习阶段都能够实现历史核心素养的提升。

历史核心素养落实的连续性主要体现在两个方面。一方面，从宏观角度看，每一个学期、每一个学年，甚至是从学生入学到毕业的整个学习历程中，历史的核心素养都应当贯穿始终。每个学期的教学目标，都应建立在前一个学期基础之上，并为下一个学期打下基础，形成连续的

学习链条。同样，每个学年的教学目标也要与前后学年的教学目标形成衔接，构成连贯的学习线索。另一方面，从微观角度看，每一节课的教学目标，都应该是实现历史核心素养的一部分。教师在设计每一节课的教学目标时，应当明确这节课在实现整个历史核心素养中的定位，使之成为连续的一环。此外，教师还需要注意，教学目标的实现并非孤立的，而应该在课与课之间形成关联，构成连续不断的教学过程。

2. 各阶段教学目标具有连续性

在中小学信息科技教学的目标设计中，各阶段教学目标的连续性贯穿始终，这种连续性在相邻阶段表现得尤为鲜明，如单元与课时目标之间的对应关系。

对单元和课时的教学目标进行设定，需要从信息科技知识的角度出发，基于知识元素分析来确定能力目标以及情感态度和价值观目标。这就要求教师从宏观视角思考问题，从专题和模块的关系，以及单元的教育价值出发，进行更概括的陈述。在中小学信息科技教学过程中，某些目标难以在一节课中实现，因此，教师可以通过确立单元目标，找到一种有效的解决方案。单元目标是通过一个个课时逐步实现的，教师确定单元目标后，需要将其拆分并落实到每个课时中，从而将单元目标转化为具体的课时目标。学年、学期、单元和课时的教学目标是一个层级结构，在这个结构中，相邻两个层级的目标存在上下位的关系。在制定下位目标时，教师需要明确其上位目标是什么，以便更准确地定位下位目标。各阶段的教学目标都是基于其上位目标制定的，这就使得各阶段教学目标之间形成了连续性。这种连续性有助于教师清晰地理解各级目标之间的关系，从而更好地掌握教学目标的整体情况。如果教师在实现过程中发现某一环节或课时的教学目标存在问题，那么通过教学目标的连续性，就能更快地找到问题所在，查漏补缺，从而确保核心素养的持续落实。

（二）有效性原则

1. 教学目标指导教学有效开展

首先，教学目标的设置必须明确，能够为教学活动提供明确的方向。在中小学信息科技教学中，由于其涉及的知识领域广泛且深入，对学生的信息技术操作能力和信息素养有高度要求，因此，明确的教学目标可以使教师和学生都清楚教学的预期结果，从而有针对性地进行教学设计和学习活动。

其次，教学目标的设定必须是实际可行的。理想的教学目标应是可观测、可评价的，即教师可以通过具体的教学活动来实现这些目标，并通过各种形式的评价方法来判断这些目标是否已经达到。对于信息科技课程，其目标不仅仅是知识的掌握，更重要的是能力的提升和素养的培养。因此，教学目标必须涵盖知识、能力和素养三个方面，并要明确每个目标所需的教学方法和评价方式。

2. 教学目标帮助学生提高学习效率

教学目标的有效性并非仅仅依赖于教师的知识储备或对课程内容的理解，而是要切实照顾到学生的实际需求和学习状况。错误的观念往往源于教师将教学目标设计成其自身理解和观念的直接映射，这种做法忽视了教育的核心——学生。学生的需求、兴趣和认知难点都可能与教师的经验大相径庭。因此，一份有效的教学目标，应以学生为中心，酌情考虑他们的特性，为他们设计针对性强的、个性化的学习路径。这样的目标才能有效提升中小学信息科技教学的科学性和实效性。

设定好的教学目标不应仅仅为教师所知，教师应将明确的教学目标传递给学生，让他们对即将要学习的内容有预期，这对他们的学习态度和效率有着显著的影响。这种明确性有助于增强学生对学习的重视，让他们认识到学习的主体是他们自己，他们应对自己的学习负责。这种学习的自主性，能更好地驱动他们去学习，提高他们的学习效率，使他们在学习过程中能更好地达成教师设定的教学目标。

（三）具体性原则

教育是一个逐步推进的过程，其时间轴往往以学年或学期为单位来划分和执行。在每一个学年或学期，教学目标都有其独特性，因为这些目标都是为教学的核心参与者——学生设计的。学生们的学习基础和能力各有差异，故在制定教学目标时，教师必须充分考虑学生的个体差异，并为不同的学生群体设计出符合他们具体情况的教学目标。这就意味着教学目标的设计不能离开学生的实际学习情况。教师需要深入了解学生的学习背景、学习能力和兴趣爱好等多方面信息，以便将教学目标具体化，进而提高教学效果。在这个过程中，不存在所谓的最佳教学目标，只有最适应某一学生群体需求的教学目标。因此，制定教学目标的具体性原则强调教师在设计教学目标时，要全面了解和评估学生的学习情况，根据学生的不同情况和需求，制定不同的、具有针对性的教学目标。这样的目标设定可以提高教学的个体化程度，使教学活动更加符合学生的实际需求，从而提升教学效果。

四、中小学信息科技教学目标编写的方法

中小学信息科技教学目标的编写实质上是将已明确的教学目标以书面形式表述出来。通常，编写信息科技课堂教学目标主要有两种方法。一种方法是行为目标编写法，该方法认为一个完整且明确的教学目标应包括四个要素：行为主体、行为活动、行为条件以及行为标准；另一种方法则是内外结合陈述法，即将对学生的行为描述与内部心理状态的描述相结合。两种方法各有优势，教师可以根据实际教学需求和学生情况，灵活选择并应用。

（一）行为目标编写法

行为目标，也被称作操作目标，其定义是以可观察和可衡量的学生行为来陈述预期目标，是一个以学生学习后预期产生的行为变化来陈述

目标的方式。

1. 行为主体

行为主体即指学习者。在教学目标中，所描述的是学生的行为，而非教师的行为。这种聚焦学生的方式，使得教学目标更加贴近实际的教学过程和学生的学习需求。

2. 行为活动

行为活动是指用行为动词描述学生所要形成的具体行为，这些行为是可观察和可衡量的。为了让中小学信息科技教学目标更具体、明确、可观察和可衡量，教师需要尽可能避免使用含糊、不切实际和不确定的行为动词。例如，某些陈述信息科技教学目标的动词，如“了解”“知道”“懂得”“提高”等，这些动词的表述过于模糊，不利于确切评估学生的学习成果。因此，教师需要尽量使用具体、明确和可观察的行为动词，更精确地描述教学目标。

教学目标中常见的如“知道”“了解”“掌握”等动词，实则是对学生心理活动不同层次或不同深度的一种抽象描述，这些词汇的问题在于它们描述了预期学生经过学习后产生的心理状态，但并未明确规定它们可以用于衡量这些状态的具体行为或成果。由于无法直接观察和衡量，这些词汇给教学评估带来了困难，使得教师无法准确地判断学生是否达到了预设的教学目标。因此，教师应避免在陈述信息科技教学目标时使用这些抽象的动词，而是应选择可以观察和衡量的动词，如“说出”“记住”“指出”等，这些动词具有明确的含义，教师可以直接观察学生是否完成了“说出”“记住”“指出”等行为，从而更准确地评估学生是否达到了教学目标。此外，还有一些意义单一、适用于信息科技课堂教学目标陈述的动词，如“区分”“列举”“认出”“记住”“辨别”“比较”“对照”“绘制”“解决”，这些动词更加明确，更容易被观察和衡量，因此更有利于教师对学生的学习效果进行评估。

不得不提的是，教师在教学目标的制定中，不应将教学目标混淆为教学内容、教学过程或教学程序。例如，“让学生做 45 分钟 Excel 制表练习”，这一描述更接近于描述一个教学活动或教学过程，而非教学目标，并没有体现出学生在完成这个活动后应达到的学习效果。

3. 行为条件

行为条件是指对学生实现学习目标具有一定影响的特定约束或环境。这一元素有双重意义：一方面，它定义了学生应在何种具体场景下完成教学目标中规定的行为；另一方面，它明确了应在何种条件下对学生的学习成果进行评价。例如，一个信息科技课程的目标可能是：在没有使用参考资料的情况下，学生能熟练运用 Python 语言编写基础的数据分析代码。这里，“在没有使用参考资料的情况下”就是行为条件，它定义了学生的行为应在特定的环境或条件下完成，也为评价学生学习效果提供了具体的条件。

4. 行为标准

行为标准通常是用于衡量学生达成目标的最低期望水平。它为教师提供了一个衡量学习表现或结果达成程度的基准，赋予了教学目标可度量的属性，是一种量化的方式，使得教师可以据此来评价学生完成教学目标所规定的行为质量。同样，学生也可以借此自我评估，判断自身的学习行为是否达到了教学目标。举例来说，“在 30 分钟内以 90% 的准确率完成 450 字的录入、编辑及排版工作”是一个具有明确标准的教学目标，这个标准界定了学生需要达到的最低效果，使得目标具有了明确性和可度量性。重要的是，教师需要清楚地区分行为标准与教学效果的最低期望。例如，“60% 的学生能在 30 分钟内录入 300 字”这一表述其实是对教师教学效果的最低期望，而非行为标准。行为标准关注的是每个学生达成目标的最低要求。

另外，教师制定行为标准需要综合各方面因素，力求精准度，以便真实、全面地反映出教学目标的需求。过高或过低的标准都可能对学生的学习产生不良影响，适当的标准应充分考虑学生的实际能力和教学实践的需要，要既能激发学生的学习积极性，又能准确地衡量他们的学习成果。

（二）内外结合陈述法

教育心理学家格朗伦德（Gronlund）在其作品《课堂教学目标的表述》中，提出了一种结合内部心理过程与外显行为来表述学习目标的方法。他主张应先用描述内部心理过程的词汇，如“理解”“应用”“分析”“创造”“欣赏”“尊重”等，来刻画学习目标，然后通过给出具体示例，让这些抽象的内在心理变化具体化，以便观察和测量。①

例如，在中小学信息科技课程中，“信息”是一个基础且重要的概念，要求学生理解这个概念。对此，可以采用以下方式来表述教学目标。

第一，理解“信息”的概念；

第二，说出信息和消息的区别；

第三，列举信息在社会中的应用情况；

第四，说出信息应用的价值。

上面的陈述就是用内部心理过程与外显行为相结合的方法进行的。“理解信息的概念”这个目标是处于上位的，可以把它看作一个终点目标，有待进一步具体化。其中的“理解”是一个内部心理过程，不能直接观察和测量，所以接下来陈述了三个能表明学生具有这种能力的行为表现的具体目标，使“理解”与否得以测量。两者之间有着相互依存的关系，没有上位的终点目标，这些具体的行为目标就失去了指向和意义；同时，如果没有这些具体的行为目标，上位的终点目标也无法得到具体的落实。这样的方式，既避免了使用内部心理特征表述目标的抽

① 诺尔曼·E.格朗伦德.学业成就测评[M]. 7版.罗黎辉，孙亚玲等，译.南京：江苏教育出版社，2008：26-31.

象性，也克服了单纯使用行为语言表述目标所带来的机械性和局限性，综合了内部心理过程和外显行为的优点。为此，许多心理学家倾向支持并采用这种方法来设定教学目标。它不仅有助于教师更准确、更具体地设定和评估教学目标，也有助于引导和激励学生更好地学习和掌握知识技能。

五、制定教学目标的步骤

在中小学信息科技课程教学设计中，教师可以按照以下步骤来精心制定和完善教学目标，如图 2–4 所示。

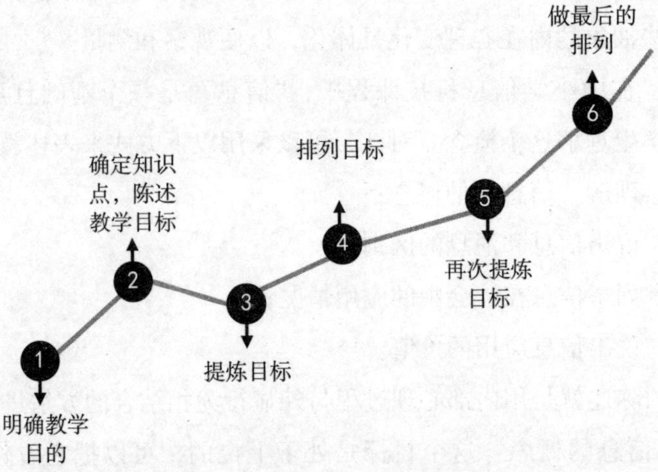

图 2–4　制定教学目标的步骤

（一）明确教学目的

教学目的是对课程或每个单元的总体指导原则，指向的是学生需要掌握的知识、思考的方式以及应用的能力。教学目的通常来源于教学大纲，教学目标则是对这些大纲中的教学目的进行具体化。因此，教师在设计课堂教学目标时，首先要明确课程的教学目的，只有明确了这个，教师才能对每一节课的任务进行具体的分解和确定。

（二）确定知识点，陈述教学目标

在这个步骤中，教师要根据教学大纲和教学目的，进一步分解教学内容，为知识点的确定提供基础。对于每个知识点，教师应当运用前文所述的方法，具体、清晰地阐述其教学目标。与此同时，在解构教学内容时，教师要注意其层次和逻辑性，让每一个知识点都有其明确的位置，与其他知识点形成良好的关联。

（三）提炼目标

这一步骤是指教师要借助知识分类理论，将前述的教学目标进行分类。在进行分类的同时，教师需要对这些目标进行重组和整理，去掉重复或相似的内容，使教学目标更加精练，这需要教师综合考虑教学大纲的要求、学生的学习需求、教学资源的情况等因素，合理调整和优化教学目标。对于那些模糊不清的目标，教师需要进行提炼，使其更加明确。这就需要教师明确地陈述目标所涉及的知识内容、要求的学习层次、预期的学习成果等信息，使教学目标能够具体指导教学设计和教学实施。

（四）排列目标

根据目标分类理论，教师要将提炼过的教学目标进行进一步排列和选择，这一过程需要教师根据各个教学目标的重要性、难易程度，以及学生的学习需求等因素进行权衡。首先，确定课时的教学重点。通常，教学重点应该集中在对理解课程主题关键的目标，或者对后续学习有重要影响的目标上。此外，教学重点也可以是学生需要达到的最高认知水平，如分析、评价或创造等。其次，确定课时的教学难点。教学难点通常是学生在学习过程中最容易遇到困难的部分，这可能是因为它们涉及复杂的概念、高级的技能，或者需要学生具备跨领域的知识。

（五）再次提炼目标

在这一步骤中，教师需要确定学生的实际情况与目标之间的差距，在分析差距的基础上，结合教学的主客观条件来分析目标的可行性。主观条件主要包括教师的教学理念、教学方法、教学能力等，客观条件主要包括课程的时间、教学资源、学生的学习环境等。如果教学目标与学生实际情况之间的差距过大，或者在主客观条件下无法实现，那么教师就需要对目标进行适当的修改和调整，这可能涉及调整目标的难度、重点、顺序等方面，或者改变教学方法、为学生提供更多的学习支持等。

（六）做最后的排列

在这一步骤中，教师需要根据教学要求，从经过提炼的目标中确定最重要和最关键的目标，并将它们分配到每节课的教学目标中。一般来说，每节课的教学目标应在 3 ～ 5 个。下面以文字处理部分的教学内容为例来说明教学目标的编写过程。

1. 本部分内容的教学目的

“文字处理”的教学目标主要是让学生理解计算机处理和文字处理的基本理念，使他们通过实践操作和练习，掌握文字的输入、编辑排版以及输出。

2. 编写目标

教师在建立具体目标时，需要仔细研读教学大纲和教材，结合教学经验，提出对应的行为目标。在这个课时中，设定的目标可以分解为以下几个子目标。

第一，定位光标；

第二，插入和修改文本；

第三，剪切、复制和粘贴大段文字；

第四，查找和替换字符串；

第五，撤销 / 恢复操作；

第六，了解并能操作其他文字处理软件；

第七，使用键盘方向键进行操作。

3. 提炼目标

提炼目标的过程需要我们从教学任务的角度出发，对原有的子目标进行分类和精简。子目标可以划分为三类：第一类是使用键盘和鼠标对编辑内容进行定位和修改的操作，如上述第 1、2、7 条；第二类是使用菜单栏和工具栏的命令及功能，包括弹出菜单的使用，如第 3、4、5 条；第三类是对话框的使用，如第 4 条。由于教学目标陈述的应该是要求学生习得的预期效果，而第 6 条子目标是对教师行为的描述，这仅限于教学过程，而不应被列为学生的学习目标。此外，第 1 条和第 7 条存在一定的相似性，因此教师可以将第 1、2、7 条子目标统一归类为“对个别文字的编辑”，其他的子目标则属于对整块文字和全文的操作。

4. 排列目标

在目标的排序阶段，教师需要确定主要目标和支持目标。本课时的主要目标是让学生能够独立编辑和修改文本，所以第 2、3、4 条子目标是主要目标，其他子目标则是支持目标。通过这种方式，教师可以清晰地看到每个目标在教学过程中的角色和重要性，从而更好地设计和执行教学计划。

5. 再次提炼目标

在这个阶段，教师需要再次精简教学目标，以确保它们对应实际的教学内容和学生将要进行的操作。在这节课中，学生将通过试错法独立操作编辑文本。因此，教师可以将第 2 点中的第 3 条和第 4 条作为主要目标，而其他目标则被视为支持这两个主要目标的子目标，并确立发展目标。第一，智力技能目标，即学生能有目的地使用菜单和工具来完成一系列的操作；第二，认知策略目标，即学生能利用查找对话框对文本中有规律的词语进行智能替换；第三，动作技能目标，即学生能熟练操作键盘，能使用盲打输入字符。要注意，由于高级查找中的“全字匹配”等选项超出了这个课时的教学目标，因此教师要选择不包括高级查找的内容作为本课时的教学目标。

6. 确立目标排列

在再次提炼目标的过程中，已经明确了四个目标，并对这四个目标进行了排序。接下来，教师需要标出教学的重点和难点。本部分教学的重点是文字的基本编辑技能，教学的难点则是如何熟练使用 WPS 的菜单栏和工具栏，以便学生能将本课程的学习内容迁移到其他软件工具使用。

第三节　中小学信息科技课程教学目标的落实路径

一、开展教学前测，确定目标起点

学生学习新知识的过程受到其学习起点的深刻影响。在确定学生的学习起点时，教师不仅要思考学生已经掌握了哪些知识，还要考虑学生需要具备哪些知识以顺利进行新的学习。学生学习起点的确定并非仅仅依赖教师的主观解读或判断，因为现在的学生通过多种渠道获取信息，他们的学习状态可能会远超教师的预期，因此，教师需要采用科学的方法来确认学生的学习起点。开展教学前测是一种有效了解学生学习起点的策略。教学前测通常是在正式教学开始之前，教师对学生已经掌握的知识以及他们需要掌握的知识（即学习起点）进行评估和测试。这种方式有助于教师了解学生的实际学习情况，以便制定更符合学生需要的教学目标，从而提高教学的有效性和效率。总的来说，确定学生的学习起点是教学设计的重要环节，也是提高教学效果的关键步骤。

（一）把握前测要点，做好前测准备

在设计并实施教学前测时，教师通常需要考虑几个关键因素。第一，了解学生在认知、情感和技能等方面的先备知识或预备水平。这涉及学生与新学习内容相关的现有知识和能力水平。通过了解这些信息，教师

可以更好地理解学生可能面临的学习挑战，也能更精确地制定接下来的教学目标。第二，了解学生对目标知识的熟悉程度。这主要考虑学生在接触新的学习任务时，是否已经具备直接深入学习的能力。了解学生在这方面的准备程度，将帮助教师科学地调整教学策略，使其更加符合学生的学习需求。第三，理解学生对新学习内容的情感态度，包括他们的学习意向、动机、喜好等。这一因素影响着学生的学习积极性和学习效率，对教学过程有着显著的影响。通过了解学生的情感态度，教师可以更好地调动学生的学习积极性，提高教学效果。第四，明确学生在学习新内容时的自我监控能力，包括他们的学习方式、策略、习惯和认知风格等。这一信息对于教师制订个性化的教学计划，以及提升学生的学习效率具有重要的意义。

如何做好前测？教师对时间的选择和方法的运用是至关重要的。前测的时机需要恰当，一般来说，前测应在制定单元教学目标之前进行。这是因为学年或学期的教学目标通常较为抽象，而且这种目标是上位的核心素养目标，可能并不需要考虑学生的具体学习状况。但是，单元教学目标则是具体目标的开始，因此，教师在制定单元教学目标时需要充分考虑学生的学习情况。教师需要在制定单元教学目标之前进行前测，以便更好地了解学生的学习情况，并据此制定更为贴近学生需求的教学目标。至于前测的方法，有多种选择，包括问卷、课前问答、访谈、作业和制定预习单等。通过问卷调查可以看出学生对自我学习情况的反馈和评估；通过课前问答和访谈可以更直接地了解学生的学习情况，特别是他们在学习中遇到的困难和问题；通过作业可以检查学生对先前学习内容的掌握情况；通过制定预习单则可以帮助学生提前了解新的学习内容，为学习做好准备。不同的方法有其各自的优势，教师可以根据学生的具体情况和教学需求选择合适的前测方法。

（二）掌握前测方法，开展有效前测

前测问卷是一种高效且实用的工具，能够帮助教师全面评估学生对即将学习的新知识的理解和掌握情况。在设计前测问卷时，教师可以根据教学目标和学生情况，采用选择题、填空题、配对题、简答题、论述题等不同类型的题目，要充分了解学生对即将学习的新知识有多少了解，以及他们已经掌握了哪些基础知识。针对这些“学生必须掌握”的基础知识，教师可以在问卷中将其展示给学生，并针对这些知识点设计各种类型的题目，以考查学生对相关基础知识的掌握程度。例如，教师通过选择题可以检测学生对基础知识的记忆和理解，通过填空题和配对题可以检查学生的知识应用能力，通过简答题和论述题则可以评估学生的深层理解和分析能力。

与此同时，教师还应该关注学生的情感态度，这同样是教学目标的重要部分。教师可以在问卷中设计与情感态度有关的题目，如“在开始学习这个单元之前，你已经做了哪些准备工作？”或“你希望通过学习这个单元，学到哪些知识？”。这样的题目不仅能帮助教师了解学生对即将开始学习单元的期待和态度，而且可以帮助教师判断学生是否对新的学习内容充满热情和期待，对于制定个性化的教学目标有着重要的指导意义。

同一个班级中的学生，在信息科技课程学习的起点和基础上存在差异，这是一个常见且不可避免的现象。有些学生可能在学习进程中领先一步，已经预先掌握了必要的知识和能力，而其他一些学生可能对基本的知识点、技能、学习方法以及学习态度都还未掌握。作为教师，了解每个学生的具体情况以满足他们的学习需求是至关重要的。通过实施前测问卷，教师能够深入了解每个学生的学习基础和他们对知识的具体掌握情况。根据这些信息，教师可以合理地为学习基础较差的学生布置课前作业，以便他们尽可能地达到与同班其他学生相近的水平。这样，当

学生开始学习新的单元或课时时，就不会因为学习基础的差异而导致学习难度过大或过小。当所有学生的学习基础基本一致时，教师在制定教学目标时就会更加方便，进而制定出既能满足所有学生学习需求，又能推动他们进步的教学目标。通过这种方式，教师能够最大限度地优化教学过程，让每个学生都能在信息科技课程的学习中得到最大的收益。

（三）分析前测结果，确定目标起点

在完成针对学生的教学前测工作后，教师需要整理和分析所收集到的信息，进而将这些信息融入教学计划。通过问卷、访谈和课前问答等方式，教师可以全面地了解学生的学习基础，掌握他们的学习习惯以及他们对信息科技课程的学习兴趣。这些数据为教师在挑选教学内容和方法时提供了宝贵的参考，有助于他们制订更有针对性和更加符合学生实际情况的教学计划。在有限的中小学信息科技教学过程中，为了避免在不同学段出现重复或无效的教学，教师需要及时进行前测，精准地掌握学生的学习情况，确定本学段制订教学目标的起点。相同的知识内容，在不同学段的信息科技教学目标中应该有所不同，其能体现出不同的深度和广度，以满足不同阶段学生的学习需求。

除此之外，通过布置作业和预习单，教师可以帮助学生准备和掌握完成某些教学目标所需的先决条件，这种做法有助于教师更好地实施信息科技教学，也有助于学生更有效地达成既定的教学目标。总的来说，通过科学、有效的前测工作，教师可以更好地理解学生的学习情况，制定出更具针对性的教学目标，并且对教学过程进行更精细的管理和指导，从而提升教学的整体效果。

二、提升教师专业化，增强教学目标有效性

（一）树立正确的教育观

1. 情感观

正确的情感观强调了情感因素在教学活动中的作用，这对于提升教学目标的有效性具有重要意义。首先，教师需要意识到学习不仅仅是知识的获取，更是一个学生全面发展的过程，其中包括情感的成长。因此，教师在制定教学目标时，除了设定对知识和技能的要求，也需要考虑学生情感的发展。这就要求教师设定与学生情感成长相关的目标，如培养学生对信息科技的兴趣，激发他们的求知欲，提高他们的学习自信心。其次，教师应该借助情感因素来提升教学目标的有效性。学生对学习的态度、对信息科技知识的感兴趣程度、对成功的渴望等情感因素，都会影响他们对教学目标的接受度和达成程度。因此，教师在制定教学目标时，应当设计一些能够引起学生情感共鸣，激发他们学习热情的内容，从而提高教学目标的实施效果。最后，教师还需要根据学生的情感反馈来调整教学目标。教学是一个动态的过程，学生的情感反馈可以反映教学目标实施的情况，如果学生对某个教学目标感到厌烦或困惑，那么教师就需要及时调整，使教学目标更符合学生的心理状态，从而增强其有效性。

2. 主体观

教育的主体观强调的是学生的主体地位和主动性。在信息科技教学中，教师应该把学生视为学习的主体，以此来制定教学目标，从而使教学目标更具有效性。

教师应在教学目标的制定中赋予学生主体地位，这意味着教学目标不仅要体现教师的教学计划，也要考虑学生的学习需求、能力和兴趣。学生的学习需求是教学目标的重要参考，而学生的学习能力和兴趣则是教学目标实施的基础。只有这样，教学目标才能更贴近学生，从而增强

其有效性。与此同时，教师应尊重学生的主动性，使他们成为教学目标制定和实施过程中的主动参与者。教师可以通过鼓励学生参与教学目标的设计，使学生更加清晰地理解教学目标的含义，提高他们的学习动力。同时，学生对教学目标的理解和接受程度也将影响教学目标的实施效果。

3. 潜能观

在中小学信息科技教学过程中，教师拥有正确的潜能观对于其制定和实施教学目标具有深远的影响。潜能观要求教师认识到每个学生都具有无限的潜能，这些潜能在适当的教学环境和方法下能够得到激发和发展。

树立正确的潜能观有助于教师设定更为全面和深远的教学目标。教育不仅是教授知识，更重要的是激发学生的潜力，使他们成为具有自我发展能力的个体。因此，中小学信息科技教学目标不应只局限于知识和技能的掌握，而应该包括学生潜力的开发，如培养学生的创新能力、解决问题的能力、自主学习的能力等。基于潜能观，教师可以在教学过程中通过各种教学方法来激发和发展学生的潜力，以实现设定的教学目标。这主要包括采用项目式学习、解决问题式学习等更为主动的教学方式，引导学生主动参与、探究和实践，以发现和挖掘自己的潜力。除此之外，教师还应通过对学生潜力的观察和评估，来调整和完善教学目标，如果发现某个学生在某个领域有特殊的潜力，那么教师就可以针对这一潜力调整教学目标，以更好地激发这个学生的潜力。

4. 差异观

差异观强调教师需要承认并尊重每个学生的个性差异，并在教育教学中充分考虑这些差异，这对于教学目标的制定和实现具有深远的影响。

差异观要求教师在制定教学目标时要充分考虑学生的差异，不同的学生有着不同的学习风格、兴趣、才能和背景，这些差异会影响他们的学习进度和方式。因此，教学目标不能一刀切，必须充分考虑学生的个性差异，以适应每个学生的需求。基于差异观的教学目标更有助于激发学生的积极性和主动性，当教学目标符合学生的个性特点和兴趣时，学生会更有动力去实现这些目标，从而使教师提高教学的效果。差异观还需要教师在实施教学目标时采用不同的教学策略，即对于不同的学生，教师需要采用不同的教学方法。例如，对于理论型的学生，教师可能需要重视讲解和示范；而对于实践型的学生，教师可能需要更多地采用实践和探索的教学方式。

（二）提升文本解读的能力

在教育领域中，教师的文本解读能力不仅涉及对教育理论和策略的理解，还涉及对学生学习状态、学习需求和学习过程的理解，这对于制定和实施教学目标具有重要的影响。因此，教师有必要提升自身的文本解读能力，以提高教学目标的有效性。

教师提升文本解读能力是一个持续和系统的过程，需要通过多种途径和方法，如专业培训、自我学习、反思与实践等来实现。以下是三个可行的策略。第一，参加专业培训是提高教师文本解读能力的有效方式，这种培训可以是学校组织的专业发展活动，也可以是教育机构或学术团体组织的研讨会、研究小组、在线课程等。通过参加这些活动，教师可以获取最新的教育理论和实践知识，提升对教育文本的理解和分析能力。第二，自我学习也是提升教师文本解读能力的重要方式。教师可以通过阅读教育书籍、期刊、论文、教学案例等，了解和学习新的教育理念和策略，还可以通过网络资源，如教育博客、在线论坛、社交媒体等，获取各种教育信息，提升自己的文本解读能力。第三，教师还要注重反思与实践，在阅读和解读文本时，需要进行反思和批判性思考。教师可以更深入地理解文本，并从中提取对教学有用的信息；学习并实践解读技巧，包括如何解析文本的主要观点和论点，如何识别和理解隐含的含义，如何使用比较和对比来理解不同的观点等。

三、及时开展教学评价，完善整体教学目标

教学评价是一项涉及教师、学生和教学过程的综合性活动，它借助各种测量和非测量手段，以一定的价值标准和教学目标为基础，系统地收集和整理数据，从而对教学行为的过程和成果做出价值判断。这一过程旨在为被评价者提供用于自我完善的依据，并为相关决策提供支持。教学评价不仅具有诊断功能，能够帮助教师发现问题、定位问题，更具有反馈功能，能够让教师根据诊断结果调整教学方法、策略和行为，这两个功能在教学过程中密切相连，互为因果。在中小学信息科技教学中，评价活动与教学目标的设计和实现是紧密相关的。教学目标的设定是教学评价的参照标准，教学评价的结果是对教学目标实现情况的反馈。因此，教学目标的合理性和教学目标是否达成，都需要通过教学评价来获取反馈信息。

（一）选择评价方式和时间

教学评价在信息科技教学中起到至关重要的作用，它是判断教学目标是否达成的关键。如果新课标对学生的期望和信息科技学科的关键内容能够通过评价中的相关元素反映出来，那么评价和考试对学生的影响将更加积极地促进学生学科核心素养的形成和提升。在信息科技教学过程中，教师根据设定的教学目标进行指导，指导结束后，教师还需要通过开展评价和分析评价结果，来判断初期设定的教学目标是否得以实现，哪些目标已经达成，哪些尚未达成，以及目标未能达成的原因，这些都是教学评价所需要解答的问题。教学评价提供的反馈信息可以使教师更清晰地了解其制定的教学目标是否合理，是否可行，以及教学目标的实现程度如何，也能帮助教师了解其在教学过程中采用的教学方法、策略和内容是否有利于教学目标的达成。基于这些反馈，教师可以对原有的教学设计和学习方式进行适当、及时的调整，实现教学过程的自我修正和良性循环。

为了更有效地达成和优化教学目标，教师需要在特定的时间点开展教学评价。首先，在教学目标设定之前，教师需要进行诊断性评价。这是前测阶段的一个关键步骤，它能帮助教师深入理解学生的学习情况，为后续教学目标的制定提供基础。其次，在根据整体教学目标设计教学流程后，教师需要进行总结性评价。这一评价应在每个单元、学期或学年的教学结束时进行，以反馈教学成效和指导教学的持续改进。最后，在具体的课堂教学过程中，教师需要开展形成性评价，以了解学生在学习过程中存在的问题。这种持续的评价有助于课堂内外的实时反馈和教学调整。

教学评价是一个多元化和多维度的过程，需要教师根据具体情况和学生特点进行选择。教师评价的方式并非单一，而应涵盖多个维度，以更全面地反映学生的学习情况。例如，除了课堂评价，教师还可以进行实践活动评价；教师不能单一地采用形成性评价或终结性评价，应该将两者结合起来；教师可以通过考试、测验等进行量化评价，也可以通过日常观察等方式对学生进行质性评价。除了教师对学生进行评价，教师也要鼓励学生互相评价，实现评价主体的多元化和评价方式的多样化。

（二）依据目标类型，选取评价方法

不同的教学目标需要采用不同的评价方法，如表 2–4 所示。

表 2–4　教学目标类型及相应的评价方法

教学目标类型	评价方法			
	选择性反应评价	论述式评价	表现性评价	交流式评价
知识和观点	选择题、正误判断题、填空题、匹配题可以考查学生对知识点的掌握程度	测试学生对不同知识点之间关系的理解程度	不适用于这种教学目标的评价，优先考虑其他三种评价方法	可以提问，评价回答，并推断其掌握程度，但需要投入较多时间

续　表

教学目标类型	评价方法			
	选择性反应评价	论述式评价	表现性评价	交流式评价
推理能力	可以评价某种推理形式的应用	对解决复杂问题的书面描述，能够考查学生的推理能力	能够观察学生解决某些问题的方式，或通过成果推断其推理能力	能够要求学生“出声思考”或通过评价问题判断其推理能力
表现性技能	能够评价对表现性技能的理解，但无法评价技能本身	能够评价对表现性技能的理解，但无法评价技能本身	能够观察和评估这些技能	适用于评价演讲能力，以及学生对技能和知识的掌握
产生结果的能力	仅限于对创作高质量产品的能力的认识与理解	能够评价对产品创作背景知识的掌握情况	能够评价制作产品的步骤是否正确，以及产品本身的特性	能够评价程序性知识和关于合格产品特点的知识，无法评价作品质量
情感倾向	选择反应试卷可以探究学生的情绪和情感	开放式问卷可以探测学生的情绪和情感	能够根据行为和产品推断学生的情感倾向	通过与学生进行交流，了解学生的情绪和情感

上述四种评价方法各具特色，涵盖了各种评价任务，可以向教师提供学生全方位的学习状况。选择性反应评价包括各种客观试题和测验，通过这种方式，教师可以快速准确地评估学生对特定知识点的理解和掌握程度。论述式评价，主要是通过开放式问题来进行，这种问题没有标准答案，需要学生根据自己的理解和观点进行回答，这种评价形式可以使教师了解学生的思维方式，评估他们的批判性思维和创造性思维能力。表现性评价要求学生在尽可能真实的情境中完成特定的任务或创作出具有创新性的成果，教师根据设定的评价标准对学生的表现进行评价，评估学生的实践能力和创新能力。交流式评价是一种相对于传统评价方式

而言更加灵活、更加互动的评价方式。它强调的是双向的交流，不仅仅是单向的评价。

（三）解析评价结果，完善整体教学目标

教学评价结果的解读与反思对于教学目标的达成至关重要。以制作电子表格为例，假设教学目标包括："学生能熟练使用电子表格软件的基本功能""学生能理解电子表格在数据分析中的作用"和"学生能自主设计并实施一个使用电子表格解决实际问题的项目"。当教学评价结果出来后，教师需要逐一对比这些教学目标的达成情况，如果发现"学生能自主设计并实施一个使用电子表格解决实际问题的项目"这个目标未能达成，教师就需要深入分析评价过程中的学生表现，以找出问题所在。首先，教师需要审视这个目标是否定位过高，是否在学生当前的知识水平和技能基础上，要求他们自主设计并实施一个项目过于困难？如果是这样，那么教师需要重新调整这个教学目标，如改为"学生能在指导下，参与设计并实施一个使用电子表格解决实际问题的项目"。其次，教师需要反思自己是否选择了恰当的教学方法。例如，如果只是在课堂上讲解电子表格的使用方法，而没有提供足够的机会让学生在实践中学习和掌握，这就可能导致学生无法达到教学目标。通过对教学评价结果的反思和调整，教师可以逐步完善教学目标，使之更符合学生的实际水平和需求，从而有效地开展教学活动，促进学生的学习进步。

第三章　中小学信息科技教学内容

第一节　中小学信息科技教学内容解析

一、中小学信息科技教学的作用和地位

在教学活动的实施中，教学内容的选择和组织占据了至关重要的地位。教学内容不仅是课程计划、课程标准和教科书的具体体现，也是实现教育目标和任务的关键因素。恰当、合理的教学内容能从简单到复杂，从特殊到一般地推动学生的学习进程，同时也能将复杂的学习任务转化为学生能够接受的学习过程。有效教学内容的组织和展现，能够极大地集中学生的注意力，调动他们的学习主动性。例如，在中小学信息科技课程中，全年的课程内容被划分为不同的学期，以完成整体的教学目标。每个学期的教学内容由不同的模块组成，这些模块不仅需要和整体的课程结构相吻合，也需要在每个具体的教学单元和每节课的教学内容中有其独特的地位和作用。每一个具体的教学单元，每节课的教学内容都应在整个学期的教学过程中发挥其特定的地位和作用。而在更大的范围内，整门课程的教学内容在整个教学体系中也应有其特定的地位，并与其他课程内容有密切的关联。这就需要教师对教学内容进行微观层面的分析，

以确保教学内容的连贯性和一致性，促进学生的全面发展。这就是教学内容在教学过程中的关键作用，也是教师深入理解和应用教学内容的原因所在。

由此可见，作为信息科技教师，对整个课程教学内容的把握，包括每一章、每一节的地位和作用，是至关重要的。每一节课的教学内容并非孤立存在，而是在整体课程设计的大背景下，相互关联，共同推动学生实现课程目标。在教学设计中，需要运用系统的观点和方法，这就要求教师把每节课的教学内容看作整体教学内容的一部分，进行全局性的、系统性的考虑和设计，而不是将它们割裂开来处理。在确定某一节课的教学内容时，教师应对其在整个课程中的位置和功能有清晰的认识，从而能对其地位和作用进行精准的分析。例如，在教授数据表格操作这一节课时，教师不仅要明确这一节课的教学内容，还要理解这一知识在整个信息科技课程中的作用和地位，以及它如何连接前后的教学内容，形成整体的知识网络。这种系统性的思维和分析，不仅可以帮助教师更好地组织语言和传授知识，也能促进学生对知识的深度理解和应用，从而更有效地实现教学目标。

二、中小学信息科技教学内容的分类及分析方法

（一）广义的知识分类

知识是人们通过与环境的互动得到的，被储存在人们的长期记忆中，它包括各种事物的特性和关系，以及人们如何去完成任务或解决问题的信息和组织结构。简单来说，知识是人类大脑的一种内部状态，是人们通过主体（即个体自己）和客体（即客观环境中的各种物体）的相互作用而构建的。知识的内容并不是杂乱无章的，而是以一种组织化的方式存在于人们的长期记忆。它有助于人们理解和解释世界，使人们能够在日常生活中有效地完成任务和解决问题。在现代认知心理学中，知识通常被分为两类：陈述性知识和程序性知识。

1. 陈述性知识

陈述性知识，也称为“描述性知识”，是关于事物特性、状态和情况的描述。它涉及事实、定义、规则、关系和原理等元素，旨在解释“事物是怎样的”。这种知识类型主要依赖记忆的心理过程，学生需要将新的知识融入已有的知识网络中，与现有的知识建立起联系。陈述性知识的一个显著特点是，它很容易被人们意识到，学生可以清晰地表述出这类知识。例如，学生可以明确地说出“冯·诺依曼结构是一种计算机架构的设计模式，它的主要特点是存储程序和数据在同一存储器中”。

在中小学信息科技课程中，陈述性知识主要包括：知识的基本定义，数据管理技术的基本概念，信息科技的发展历史，冯·诺依曼结构的定义，计算机网络的分类及声音、图形、图像、动画和视频等各种格式。此外，常见的信息收集渠道和方法也是陈述性知识的一部分。

2. 程序性知识

程序性知识，简单来说，就是关于“怎么办”的知识，它提供了完成某项活动的具体操作步骤。不同于陈述性知识的描述和解释，程序性知识更关注实际的执行和实践。

程序性知识可根据不同的标准被划分为多种类型。例如，根据其应用的范围，程序性知识可以被划分为一般领域的程序性知识和特殊领域的程序性知识。一般领域的程序性知识包含了可广泛应用于各种领域的通用方法和途径，与任何特定领域并无紧密联系。如何编写工作计划的方法或人际交往的基本原则，这些都是一般领域的程序性知识。根据自动化的程度，程序性知识又可以被划分为自动化的程序性知识和可控的程序性知识。自动化的程序性知识通常是那些人们已经习惯并可以自然执行的活动，如骑自行车或打字。而可控的程序性知识则需要人们有意识地思考和决策，如解决数学问题或编写计算机程序。程序性知识普遍存在于信息科技教学内容中。例如，如何使用文字处理或图表处理工具进行信息加工，如何通过网络搜索引擎获取信息，如何使用常见的数据筛选、排序和统计方法进行操作，以及如何使用自然语言、流程图和伪代码等方式表示算法，等等。这些都是信息科技课程中的程序性知识实例。学生是否具备程序性知识，通常需要通过他们在实际活动中的表现来判断。

在信息科技课程中，陈述性知识和程序性知识是密切相关的，两者相互依赖，相互促进。陈述性知识为学生执行特定操作提供了必要的背景信息和理论基础。例如，关于信息搜索渠道和收集方式的知识，可以为实际的信息收集活动提供背景知识；关于算法和程序结构的知识，可以为编程和解决问题提供理论基础。反过来，掌握程序性知识也有助于学生深化对相关陈述性知识的理解。

就这两类知识的相互关系来看，陈述性知识是建立在一定的理论基础上的，它是对世界的基本理解和解释；而程序性知识则强调实践和应用，它告诉人们如何使用这些理论知识来解决实际问题。这两种知识是相互补充的，一方面，没有陈述性知识，人们就无法理解和解释自己正在做的事情；另一方面，如果只有陈述性知识而没有程序性知识，人们就无法将理论知识应用到实践中。

（二）中小学信息科技教学内容的分析方法

1. 归类分析法

归类分析法主要被用来对各类语言信息进行分类。在明确了分类标准后，教师将需要达到教学目标的各项知识综合并归类，以此来确定教学内容的范围和焦点。这种方法适用于那些具有内含关系的知识结构，其在知识整理和概括中发挥重要作用。通过归类分析，学生可以更清晰地理解知识点之间的关系，更好地掌握整体知识结构。

2. 层级分析法

层级分析法是根据教学目标的层级关系来分析和划分教学内容，揭示了为了达成教学目标，学生需要学习和掌握的知识和技能。这种方法特别适用于分析和教授从属技能。从属技能指的是学生为了达到教学目标必须掌握的技能。

3. 信息加工分析法

信息加工分析法主要是对教学目标的完成行为进行深度分析，旨在揭示实现该目标所需的显性和隐性过程。在中小学信息科技课程中，算法的表示过程，或是使用全文搜索引擎进行信息资源搜索的过程，都需要将隐性的知识转化为显性的知识，使其可以被清晰地理解和掌握。信息加工分析法通过分析这些知识，可以帮助教师明确教学步骤，也能帮助学生理解复杂的知识，以及技能的构成和运作方式。

4. 程序分析法

程序分析法主要用于确定与动作技能目标相关的从属技能。当解释和说明一个心理动作目标的各组成部分时，教师可以问："在完成这一步骤时，学生需要具体做些什么？"，并列出学生需要完成的具体活动，这些活动共同构成了一步动作，也就是进行程序分析的结果。这种方法使得复杂的知识或技能被分解为一系列具体可操作的步骤，增加了学生掌握这些知识或技能的可能性。

三、中小学信息科技教学的内容与教学要求

（一）中小学信息科技课程教学内容的确定原则

1. 符合教学目标

中小学信息科技课程的教学目标充分体现了现代社会对课程的需求，这些需求源自经济建设、社会发展以及科技进步。同时，中小学信息科技教师在设定教学目标时也需考虑到当前社会主义现代化建设和未来可能出现的需求。在推动全民族素质提升的大背景下，教育致力培养新一代的人才，他们应具备理想、道德、文化和纪律，能适应当前的社会需

求，同时具有创新精神和实践能力。在此过程中，我国需要全面实施教育方针，提高教育质量。中小学信息科技教学的一个重要目标就是向学生传授现代信息科技的基础知识和基本技能，这不仅是现代信息社会对中小学信息科技教学的期待，也是当前教育改革与发展的必然要求。

2. 符合信息科技发展的需要

中小学信息科技的教学内容经历了显著的变革，以适应信息科技的飞速发展。以初中信息科技课程教材为例，初期，该学科教学主要关注程序设计，后来逐渐转向了应用软件教学。随着多媒体技术、网络技术的出现和发展，初中学段的信息科技教学内容也开始从简单地传授计算机基础知识，转变为利用计算机和网络作为工具，以促进学生的自主学习和探索。这一变革是为了使教学内容与时俱进，更好地适应信息科技的发展趋势。现在的信息科技教学更多地强调了信息科技作为工具的使用，强化了学生的动手实践能力和解决问题的能力，能够更好地服务于学生的学习和发展。

3. 符合基础性原则

基础性原则是教师在确定教学内容时所需要考虑的一大原则，这一原则强调教师选取的教学内容应为信息社会中所有学生适应日常生活、参与生产活动和进一步学习所必需的基本知识。这一原则对确保信息科技课程内容能够满足时代发展需求起到了关键作用。尽管中小学信息科技课程已经发展为一门将知识性和技能性紧密结合的基础工具课程，其内容随着信息科技的发展也有所变化，但基本内容相对稳定，这是因为基本知识是构建更高阶知识和技能的基础。对基本知识的熟练掌握，有助于学生学习更深入的知识，也有助于他们将知识转化为能力，使他们实现从基础知识到高阶能力的正向迁移。因此，基础性原则是教学内容选择中的重要指导原则，它强调了学生对基本知识的学习，从而使学生能在扎实的基础上自动地探索更深入的知识，进而将这些知识转化为实际应用能力，满足社会和个人发展的需求。

4. 符合可接受性原则

可接受性原则，就是所选择的教学内容，必须难易适中，符合学生的年龄特点、接受水平和认识能力。

中小学信息科技课程的设计必须充分考虑学生的年龄和生理特点。课程的广度、深度和体系化程度都需要考虑学生的接受能力，以此来促进他们的智力和技能发展，这要求教师遵循“由浅入深，循序渐进”的原则进行课程内容编排。学生的接受水平是一个非常复杂的议题，它不仅受学生自身情况的影响，也受教师的教学方式、教科书的编排方式、家庭状况和社会环境等诸多因素的影响。如果教师对学生的接受水平估计不准，选择的教学内容太简单或太少，可能会限制学生能力的进一步发展；相反，如果教师所选择的教学内容要求过高，学生可能难以理解和掌握，这也会对教学效果产生不良影响。因此，教师必须根据可接受性原则来选择教学内容。首先，教师需要确保绝大部分学生能理解和接受教学内容。同时，教师还需要着眼于学生的发展，确保教学内容具有一定的深度和广度，以促进每一个学生的发展。这就要求教师既要关注学生的现有水平，也要看到学生的潜力和可能性，创设一个既能满足学生现有需求又能挑战他们的学习环境。

5. 符合衔接性原则

信息科技课程的设计应该根据不同学段学生的特点进行分层次、有侧重的选择。在当前的教学阶段，教师应根据学校和学生的实际情况，注意协调小学、初中和高中阶段教学内容的连贯性，采取必要的教学组织形式，以避免教学内容的重复。例如，教师可以采取分组教学的方式，打破传统的班级限制，根据学生已掌握知识的程度进行重新组合。中小学信息科技课程的各部分内容也必须相互关联，体现出各个学习阶段的特点。教师应使学生在中小学阶段尽可能多地接触到新思想、新方法和新技术，从而在综合思维能力、表述能力和设计能力等方面得到提升，这样就能使学生在满足当前学习需求的同时，为他们未来的学习和发展打下坚实的基础。

衔接性原则在中小学各学段的信息科技教学内容之间起着关键作用，这一原则体现在计算机科学与其他学科的交叉与融合中。具体来说，信息科技学科的教学需要结合语文、数学、外语和物理等其他学科的知识。例如，汉字的输入需要学生具有扎实的汉语拼音基础，计算机中信息的二进制表示则涉及数学知识，对于屏幕信息和软件菜单的理解需要学生具备一定的英语知识，而利用物理器件“导通”与“截止”的两种稳定状态来表示二进制信息则涉及物理知识。因此，各学段信息科技课程内容的选择必须与该学段的语文、数学、外语、物理等课程相协调。

教师在确定教学内容时必须把这些原则有机地结合起来，在选择教学内容时，不能割裂这些原则，而应将它们视为一个整体，相互依赖、相互影响。同时，教师要意识到，确定教学内容的各个原则都是动态的。随着信息科技的快速发展，一个时期内确定的教学内容可能很快就会显得过时，因此，教师需要不断调整和更新教学内容，以适应时代的发展。

（二）中小学信息科技教学的基本要求

在教育学中，教学论对教学工作提出了一系列具体要求，这些要求对于所有学科，包括信息科技，都是至关重要的。这些要求是中小学教师在进行信息技术教学工作时必须遵循的指导原则，其不仅涉及教学理论的基本原则在信息科技教学中的应用，同时也关系到信息科技教学的特定规律性。教师必须在教学中尊重并引导学生的学习兴趣，激发他们的主动探索精神，以及鼓励他们将所学知识应用于实际。

根据信息科技教学的特点以及中小学生认识发展的基本特点，中小学信息科技教学的内容设置必须遵循以下基本要求，如图 3–1 所示。下面就理论与实践相结合、传授知识与发展能力相结合进行详细论述。

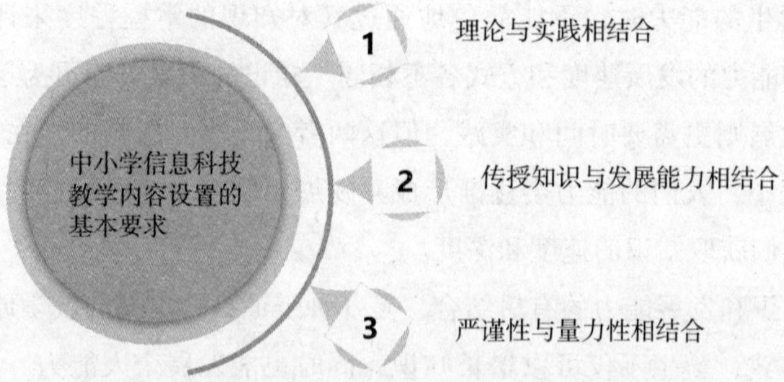

图 3-1　中小学信息科技教学的基本要求

1. 理论与实践相结合

中小学信息科技课程是一门将知识和技能融为一体的基础性课程，它旨在向学生介绍计算机和网络的基本知识和原理，并训练他们操作计算机和使用网络的基本技巧，以培养他们成为具备现代素质的公民。它不仅仅是一门文化基础课，也不仅仅是一门工艺技术课，而是一门认知和操作技能有机结合的课程。中小学信息科技课程要求学生在掌握相关知识的基础上进行实践操作，逐步培养操作技能，并积极利用信息科技和信息资源去解决实际问题。在这个信息爆炸的时代，传统的死记硬背已经无法适应当前的需求，因此必须将理论与实践紧密结合。这样的教学模式旨在培养学生的实际操作能力和独立解决问题的能力，使他们在理解和掌握信息科技知识的同时，也能灵活运用这些知识，从而适应现代社会的需求。因此，中小学信息科技教学的内容设置需要坚持理论与实践相结合。

2. 传授知识与发展能力相结合

知识和能力是教学过程中的两个重要因素，它们各有特点，同时又相互关联。知识是人们对客观世界的理解，它反映了事物的表面现象和深层本质，是人们后天通过学习和经验获得的。能力则是人们完成某种活动的本领，既有先天因素，也与后天的环境和教育紧密相关。教师在衡量一个学生的能力时，不能简单地通过其对知识的掌握程度来评判，因为知识和能力的发展速度和方式各不相同。知识的积累可能更为迅速，而能力的发展则更需要时间和实践，但这两者又是相互影响的。在获取知识的过程中，人们的能力会逐渐形成并发展；反之，已经形成的能力也会影响人们获取知识的速度和深度。

传授知识和发展能力的有机结合，是一种辩证唯物主义的教学原则。通过这种方式，学生不仅可以增长知识，同时也能发展个人能力。这种教学原则的实施反映了教学和发展、知识和智力之间的对立统一规律，也满足了信息科技教学改革在当今科技快速发展背景下的迫切需求。因此，教师应积极推动这种知识与能力并重的教学模式，以培养出更具综合素质的学生。具体来说，传授知识与发展能力相结合需要注意以下几方面。

（1）重视基本技能的训练。由于大部分中小学信息科技课程强调的是技能性知识，所以教师必须重视相关技能的教学内容，以引导学生学会使用与他们的学习和日常生活紧密相关的工具和软件。

（2）就知识与能力的发展共性来说，教师需要重视对学生学习目的性的教育，培养他们的学习兴趣，让他们积极主动地学好基础知识，熟练掌握基本技能。为此，教师要注意知识之间的相互渗透和综合运用，这是使学生实现知识获取和能力发展的重要措施。同时，提高教师的专业素质和业务水平，提高教师对教材内容的解读与分析能力，这是使学生实现知识获取和能力发展的重要条件。

（3）在教学活动中，知识与能力的关系既具有先后顺序和各自的侧重点，也存在着相互影响、相互联系和相互促进的关系。中小学信息科技的教学，应将知识教授和发展能力组成一个有机整体，以实现同步发展。

以操作系统的教学为例，教师通常会先介绍文件和文件夹（目录）

的组织结构，这是知识的传授阶段，学生暂时还没有将知识转化为实际能力。然后，教师要求学生利用所学的文件和文件夹组织结构在操作系统中进行信息处理，这一过程实质上是从知识到能力的转化。实践活动不仅促使学生对文件和文件夹的组织结构有更深的理解和记忆，还使学生能更全面、准确地理解所学知识。通过这种方式，教师还能有效地培养学生的分析问题和解决问题的能力。

四、中小学信息科技教学内容的选择

选择科学合理的教学内容是备好课的前提条件，关于中小学信息科技教学内容的选择，教师需要考虑以下五个问题。

第一，教学内容的不确定性和可选择性：在众多的多媒体知识点和内容中，教师要明确哪些内容是必须教授的，哪些是可以忽略的。

第二，新课程实施中的教学内容（教材）与课时数之间存在的矛盾：在有限的课时内，如何高效地覆盖大量的教学内容。

第三，课程标准与教材的一致性：教材内容能否与课程标准所要求的新教育理念保持一致。

第四，处理多媒体信息知识点的策略：除了必修模块，如何安排选修内容的教学，使其既能满足课程需求，又能吸引学生的兴趣。

第五，学生的知识背景：教师需要了解哪些信息是学生已经知道的，哪些是新的，从而有效地进行教学设计。

在教学过程中，如何精准选择教学内容对于达成教学目标和提高教学效果至关重要。选择一些教学内容意味着必须舍弃其他内容。故而，教师所选择的教学内容必须符合课程标准，适应学生的需求，并有助于提升学生的信息素养。与此同时，教师要避免选择那些不适宜或无助于达成教学目标的内容。

选择教学内容时，教师要基于知识的性质、教材的编写目的、完成教学任务所需的时间，以及学生的实际情况等因素进行。在确定一节课的教学内容时，教师要根据具体的情况进行选择，以保证教学内容能有利于学生理解和掌握，同时也能帮助教师顺利完成一节课的教学任务。教师选择的教学内容既不宜过多也不宜过少，如果选择的内容过多，学生可能会因为负担过重而难以理解和掌握知识；如果选择的内容过少，则可能会导致课堂秩序松散，浪费宝贵的教学时间。一般来说，教师会从单元层次开始选择教学内容。单元作为课程内容的划分单位，包含一个相对完整的教学任务，可以帮助教师有条不紊地进行教学内容的选择。在选择单元的内容时，教师要把握好教学的难易度和深浅度，确保每个单元都能够有效地推进教学进程，促进学生的学习。在这个过程中，教师需要不断反思和调整，根据学生的学习反馈和进度，灵活地调整教学内容，以实现教学的最大效益。

选择与设计教学单元通常包含三个核心要素：范围、重点和序列。每一个元素都具有其独特的价值和重要性，它们一起构建出了一个具有逻辑性和连贯性的教学单元。教师在确定单元范围时要重点关注内容的广度和深度，确定应该探讨哪些主题，以及应该对哪些主题进行深入的探讨。在确定单元的范围时，教师需要考虑到课程的连续性，以及社会和学生的需求；通过评估不同事实、概念的相对重要性，选择出适合学生的核心内容。这不仅可以保证教学的连贯性，还可以帮助学生更好地理解和掌握重要知识。教师在确定单元范围时，重点是确定在教学内容中最为关键的部分，需要清楚地知道哪些部分是必须重点教授的，因为这些部分通常是整个单元的主轴，它们构成了信息科技课程希望学生理解和掌握的主要知识。序列则是确定教学内容的排列顺序，一个良好的序列能够确保学生以合理的步骤和速度理解新的知识，从而提高学习效率。教师在设计教学单元时，还需要注意，教材的课时安排可能需要根据学生的实际情况进行调整。有些教材可能会把内容排得过紧或过松，在这种情况下，教师可能需要对内容进行扩充，或者在必要时压缩一些内容。另外，教师在选择教学内容时，必须确保不会遗漏教学要点，这就需要他们尽可能多地收集与课程目标相关的内容和资料。只有这样，才能确保教学内容既丰富又具有针对性，从而有效地帮助学生提升其自身的学习效果。

五、中小学信息科技教学内容的类别

教师在选择合适的教学内容之后，就需要明确教学内容的类型，因为不同类型的教学内容需要采用不同的内容分析方法，这将直接影响教师在教学过程中所采用的教学策略。因此，在确定单元目标之前，教师需要对教学内容的类别和性质进行基本的评估，以了解学生需要学习哪些具体的知识和技能，以及这些知识和技能之间的关系。

中小学信息科技教学内容具有其独特的特点，它不仅包括一些不具有严谨结构的基础知识和常识，一些技能操作性的知识，如编程技能、数据分析技能等，还包括信息安全意识和信息道德等情感类的教学内容，这些内容对于培养学生在数字世界中的合理行为和健康习惯具有重要意义。根据美国教育心理学家加涅（Gagné）的学习结果分类，可以将信息科技课程的教学内容分为三大类：认知类教学内容、技能类教学内容和情感态度类教学内容。每一类教学内容都有其独特的价值，对于学生的全面发展都至关重要。教师需要根据学生的学习需求和教学目标，适时调整和平衡这三类教学内容，以提高教学效果，全面提升学生的信息素养。

（一）中小学信息科技课程认知类教学内容的特点

1. 抽象性

信息科技课程的基础知识中有许多概念相当抽象，如“信息”和“计算机文件”等，这使得学生们往往难以理解和掌握。例如，尽管“信息”这个词在现实生活中十分常见，但在信息科技领域，它的含义却远比人们在日常生活中接触的要复杂和深入。学生们常常会把信息科技领域的

“信息”与日常生活中的“信息”混为一谈，这也导致在各地信息科技课程的统一考试中，学生们做相关选择题时的错误率相当高。主要的问题在于，这个概念过于抽象，且学生们对其并没有足够丰富的直接体验。学生们可能无法用科学的词汇来精确地叙述“信息”的概念，但他们应该能够理解“信息”的本质是什么。再如，“计算机文件”，这个概念对于学生来说，也常常难以捉摸。类似的知识点在信息科技课程的基础知识中数不胜数，如“病毒”“软件”“程序”等。在学生们没有实际编程经验或看过程序代码之前，他们往往难以理解这些抽象的描述。简单来说，这些概念太抽象，它们不像硬件那样是可见可触的实体，而是无形的、看不见的。为了帮助学生更好地理解这些抽象概念，中小学信息科技教师们需要寻找更加直观、使学生更易于理解的教学方法，如通过实践操作、案例分析等方式，让学生们在实际操作中体验和理解这些抽象概念。

2. 知识涵盖丰富

虽然信息科技课程的基础知识只涵盖了信息和计算机两个最基础的领域，但其知识面却相当广阔，内涵也十分丰富。在信息部分，它包含了信息的概念、信息处理的过程、现代信息革命，以及信息安全等各个层面的知识。这些内容其实并不简单，实际上，这些都是目前大学信息专业学生正在学习的知识内容。在计算机部分，中小学信息科技课程介绍了计算机系统的各个部分，从硬件到软件，无一不包。同时，这一课程中还涵盖了计算机的工作原理。这些内容可能看似简单，但实际上，这些知识点已经覆盖了大部分大学计算机课程的内容。在描述这些知识时，教师需要以简化的方式去阐述，以淡化的方式去分析。而且，仅仅将这些知识传递给学生并不够，关键在于如何让他们真正掌握这些知识，并能将其应用到实际中。如何让学生真正掌握并应用这些知识，这就需要教师精心设计教学内容，讲究方式方法，由此教学才可能达到预期的效果。

（二）中小学信息科技课程技能类教学内容的特点

1. 实践性强

信息科技课程的一大特点在于其内容侧重技能应用，如学习如何开关计算机、进行基础的 Windows 操作（包括启动程序、“我的电脑”和“资源管理器”的使用等）、操作键盘，以及如何使用 Word、Excel 和 PowerPoint 等各类办公软件。这些技能点相较于其他学科来说，具有更强的实践性，学生必须通过实践才能真正掌握。

由于这些技能点的实践性和操作性，教师在教学过程中需要采取与传统课堂教学截然不同的方法。首先，教师需要借助现代化的教学设备，如电脑和投影，让学生在亲身操作和实践中学习和掌握这些技能。其次，教师应进行示范教学，为学生详细展示每一个操作步骤，以便学生能够更准确、更深入地理解和掌握这些知识。此外，为了检查学生的学习效果，教师还应组织模拟操作或实际操作的考核，以实际操作技能结果为依据对学生进行评估。这种以实践和操作为主的教学方式，不仅能够使学生更好地理解和掌握信息科技课程的技能，也更符合信息科技课程的教学特性。

2. 任务化难

“任务驱动”教学法在信息科技教学中备受瞩目，许多教育专家和一线教师都对其进行了深入的研究和广泛的应用。这种教学方法以完成特定任务为驱动力，使学生在实践中学习和掌握知识技能，与信息科技学科的实践性特点非常相符。但需要注意的是，虽然“任务驱动”教学法在理论上非常适用于中小学信息科技教学，但在实践中，由于部分技能性知识的基础性特点，只依赖某个或某几个操作知识往往无法构建出完整且有吸引力的“任务”。

3. 内化难

学生在初步学习信息科技技能时，往往能在模仿层面上迅速掌握，然而，这并不等同于真正地理解和运用。真正将这些技能熟练运用到未来的信息处理中，乃至将其内化为基本的能力，如“读、写、算”，需要学生和教师不断地付出努力和实践。这是一种内化过程，它需要时间和经验的积累，需要在真实环境中不断尝试和改进。传统的教学模式“讲解—演示—练习”，虽然逻辑清晰、步骤明确，但可能在实现这个过程时显得比较缓慢。因此，教师需要结合实际情况，尝试新的教学策略，合理地将技能性知识进行拆分，将大的任务分解成若干个子任务，让学生逐步掌握和运用；教师也可以设计具有趣味性的任务，通过任务驱动的方式引导学生进行学习，进一步提升他们的实际操作能力和解决问题能力。

（三）中小学信息科技课程情感态度类教学内容的特点

1. 隐性化

中小学信息科技课程的教学任务不仅在于使学生掌握技术和基础知识，更重要的是培养学生的道德情感和价值观。这些情感态度类的教学内容，往往隐藏在基础知识和技术类的教学内容中，它们不应当被孤立地讲解，而应通过其他教学内容来展现。例如，在教授多媒体作品制作时，教师可以指导学生制作“保护青蛙的公益广告”或者“介绍我的家乡”的作品。这样的教学设计，一方面，让学生亲身实践，锻炼他们的技术能力；另一方面，这些作品主题所涉及的环保理念和热爱家乡的情感，正是教师希望在技术学习中渗透的情感态度类内容。同样，在讲解信息科技特征的课程中，教师可以引用一些生动的例子，帮助学生更好地理解信息的特性，并教授学生如何在信息社会中把握信息的特征，以便更有效地利用信息。这样的教学方法，不仅使学生对信息的理解更深入，而且可以引导他们理解并体验信息在人们生活中的重要性。

2. 重视对学生的潜移默化

情感态度类教学内容的学习，相较于技术和基础知识的学习，更加依赖学生在日常生活中的实际体验。它不仅需要教师的科学引导，更需要学生在实际生活中亲身感受和思考。教师在引导学生时，应当更注重“怎样做”，而非“不该做”。与其告诉学生某种行为是错误的，不如引导他们去理解正确的行为方式是什么，以及如何去执行。例如，教师可以通过展示正面的真实案例，让学生了解正确行为的影响和实施方法；同样，也可以利用反面的真实案例，让学生看到错误行为的后果，以此来引导他们杜绝这种行为。教师可以搜集一些有争议的真实案例，让学生有机会观察、分析、讨论和理解这些案例，引导他们从中吸收相关的道德规范。这样的讨论和分析，可以帮助学生更深入地理解和体验信息科技课程中情感态度类的教学内容。对于中小学生关于信息科技情感态度的培养，更应当在日常生活中进行。教师应鼓励学生在日常生活中积极使用信息技术，让他们在使用的过程中掌握信息技术，并体验到信息技术给他们生活带来的便利。这样，学生可以在实际的生活中感受到信息技术的价值，并在未来的工作和学习中自觉地使用信息技术。

第二节　中小学信息科技教学内容的重点与难点

一、中小学信息科技教学内容的重点

中小学信息科技教学内容的重点可以从宏观和微观两个层面进行划分和理解。

宏观层面上的教学重点关注的是课程的整体框架，它指向在整个课程中，那些重要且必须让学生掌握的教学内容。对于这些重点内容，教师需要投入更多的教学时间，以确保学生能够全面、深入地理解和掌握。

相应地，对于非重点内容，教师可以适当减少教学时间。中小学信息科技教学内容的重点在于信息科技的基础知识和基本技能，相比小学阶段来说，中学阶段信息科技课程对学生的要求更高。值得注意的是，课程中的一些扩展内容，如程序设计部分，虽然对学生的知识面和技能有所拓展，但并非教学的重点，它主要面向学习能力强、对信息科技课程有更深入兴趣的学生。因此，在教学过程中，教师对这部分内容的投入时间应适度，以避免影响到教学重点。

在微观层面上，教学重点主要是每一节课中需要学生掌握的关键内容，这通常也是教学目标的直接表现。每节课的教学重点应该基于课程内容在整体教材中的位置来确定。例如，计算机的基本概念，命令和语句的基本格式及使用方法，软件操作技能和使用策略，程序设计的基本思想，基本算法的理解和解决问题的步骤等，都可能成为教学的重点。教学重点的确定除了依赖教学内容本身的重要性，还与教师的教学经验、对教学大纲的理解程度和对教材的掌握程度有关。只有深入理解教学大纲和教材，教师才能准确地把握教学重点。例如，在信息科技课程中，当讲述特定的语句和命令时，它们的使用格式就是教学的重点。对于高中信息科技课程中的“循环结构程序”一节来说，循环语句的使用格式和执行过程就是这一节课的重点。因此，在微观层面上，教学重点的确定需要教师运用自己的专业能力，以确保每节课的教学目标得以实现。这一过程需要教师的深思熟虑和精心设计，以确保学生能够在每一节课中都能掌握重要的知识和技能，从而达到预定的教学目标。

总的来说，确定并突出教学重点是确保课堂教学有序、课堂内容清晰、专业知识有效传达的关键，这涉及教师如何处理和组织教学内容、如何选择教学策略，以及如何分配课堂时间。只有明确地识别和关注教学的重点，才能保证课堂教学的结构层次分明，主次明确。在教学过程中，围绕重点设计课程内容是至关重要的。这需要教师对教学内容有深入的理解，以便确定和向学生集中讲解最关键的信息。同时，对重点知识的巩固和练习也应得到加强，只有这样，学生才能真正掌握这些关键的知识和技能，从而在日后的学习和生活中得以应用。

二、中小学信息科技教学内容的难点

中小学信息科技教学内容的难点指的是在教学过程中，一些可能挑战教师教学能力或学生学习能力的教学目标或内容。换句话说，这些教学内容使教师在处理上可能会遇到困难，或学生在理解和掌握上可能会遇到挑战的部分。值得注意的是，教学难点并不是固定的，而是因人而异的；并且，也不是所有的难点都一定是教学重点。通常，教学难点的出现是由于学生当前的知识水平和能力水平与新知识的要求之间存在差距。例如，学生可能没有足够的知识来理解新的概念，或者他们可能没有足够的思维技巧来处理复杂的问题。此外，教师的专业水平和教学能力，以及学校的教学设备和资源，也可能对教学难点的出现有影响。例如，教师可能没有足够的专业知识或教学经验来有效地讲解某些复杂的概念，或者学校可能没有足够的实验设备来进行必要的实践活动。因此，识别并解决教学难点是教师在教学过程中的一项重要任务。这需要教师深入理解学生的学习需求和能力，以及自身的教学能力，然后采取有效的教学策略和方法来帮助学生克服这些难点。

在中小学信息科技教学中，识别和处理教学难点是至关重要的。具体可以从两个角度来看待这些难点：宏观和微观。在宏观层面，教学难点主要指的是在整个课程中学生难以理解和掌握的内容。例如，程序设计这样的主题就可能是一个显著的难点。难点通常包含一些抽象的概念，需要学生进行深度的思考和理解，但这对于正在发展逻辑思维能力和分析综合能力的中小学生来说是具有挑战的。尽管中学生在这些方面已经有了一定的发展，但他们的认知能力仍在成熟过程中，而且他们的意志力可能并不十分强大，这可能导致他们在接触复杂的抽象概念时感到困惑和沮丧。因此，为了有效地解决这些宏观层面的难点，教师需要设计出具有挑战性但又适合学生认知水平的教学策略。例如，教师可以通过为学生提供更多的实例和活动来帮助学生更好地理解和应用抽象的概念，或者通过为学生提供不同层次的挑战来满足不同学生的学习需求。在微观层面，教学难点主要是每节课中学生难以掌握的具体内容。这要求教师在课前进行深入的教学内容分析，以识别学生可能遇到的难点。以Windows 操作系统的教学为例，难点主要包括以下三个方面。第一，新概念与新方法的理解和掌握，如理解目录结构或各种菜单命令的功能和用法。第二，对抽象内容的理解，如绝对路径和相对路径的区别和应用。第三，对错综复杂、易混淆的内容的理解和记忆，如各种菜单命令及其执行方式。

在处理教学内容难点时，除了应对普遍存在的难点，教师还需要注意到学生的个体差异。每个学生的认知能力、学习背景和兴趣爱好都会影响他们对同一知识点的理解，因此，教师需要根据每个学生的实际情况，调整自己的教学方法和策略，以便更好地帮助他们克服各自的难点。这就需要教师具备高度的敏感性和适应性，能够及时发现并响应学生的不同需求，做到因材施教，提升教学效果。

在教学设计中，准确预估并解决教学难点是至关重要的，这需要教师根据自身的教学经验以及对学生学习情况的了解，制定具有针对性的教学策略。对于那些学生觉得抽象且难以理解的概念，如文件、目录、索引等，教师可以从具体的实例出发，通过打比方、图示等直观手段，帮助学生逐步构建和理解这些概念。针对一些用法灵活、格式多变的命令，教师可以采用从易到难、由具体到抽象的方式，先通过具体例子讲解各种命令的用法，然后总结出一般的格式。这样既可以帮助学生逐步掌握复杂的命令，又可以使学生更好地理解和记忆命令的基本格式。此外，对于学生在实际操作中容易出错的地方，教师需要强调规范性和严谨性，特别是那些容易被忽视的细节。在讲解相关内容时，教师应重点提醒学生注意细节，从而避免他们因忽视细节而出错。通过这些方法，教师可以有效地帮助学生解决教学难点，提升教学质量和效果。

第三节　中小学信息科技教学内容的拓展与延伸

一、中小学信息科技教学的德育内容

（一）在中小学信息科技教学中实施德育的重要性

1. 必要性

在信息科技的发展浪潮中，人们已经深深地处于一个信息网络的海洋之中。在学习和生活的方方面面，人们都被各种信息包围，这些信息给人们的生活带来了前所未有的便利和快乐。然而，信息科技也是一把双刃剑，如果人们使用不当，信息科技可能会给人们的生活带来严重的伤害。现如今，网络犯罪、网络诈骗的现象日益增多，许多具有高学历但素质较低的人群，甚至未成年人的犯罪率都在逐年上升。网络所导致的犯罪事件频发，这已经向人类敲响了警钟，提示人类必须在信息科技教学中加强德育。

中小学阶段正是学生道德认知发展的关键时期，这个阶段的德育将对他们的一生产生深远影响。在信息科技教学中融合德育，不仅能帮助学生在技术层面上获得技能，更能帮助他们形成健全的道德观念，避免由于信息科技的不当使用而带来的负面影响。如果教师仅仅关注技术的教授，而忽视了德育，那么这可能在未来酿成巨大的隐患。因此，教师应该立足当前，以长远的眼光看待信息科技教育，以更全面、更深入的方式来培养学生，让他们在掌握信息科技的同时，也能够理解并践行社会的道德规范。

2. 可行性

信息科技，作为计算机科学的一个重要分支，以其科学性、实践性、规范性和强烈的逻辑性而闻名，这就要求学生在学习信息科技课程时，要有严谨的科学态度，养成良好的使用习惯，并能正确地运用信息科技来解决生活中的问题。“信息科技”这一概念由“信息”和“科技”两部分构成。信息部分关乎对信息处理方式和方法的理解，它要求人们在互联网信息世界中行事。学生应充分认识到自己生活在一个高度信息化的世界中，掌握信息处理方法是十分必要的。同时，教师也需要培养学生的信息意识和科学精神。此外，信息世界是有规则的，需要每个人遵守相关的道德和法规。因此，教师需要教导学生遵守网络道德，保护信息安全，维护自己和他人的合法权益。科技部分则更多地体现了技巧和操作。在学习信息科技课程的过程中，学生需要掌握相关的技术和操作。这一过程不仅需要个人的努力，也需要学生之间相互协作，互助学习，以更好地掌握和运用信息科技。这样，学生在学习信息科技知识的同时，还能培养自己的团队精神和协作能力。

（二）中小学信息科技教学内容中的德育元素

教材是教学内容的重要基石，它不仅承载着大量的学科基础知识，还蕴含着各种德育元素和教学素材。教师和学生不仅需要通过教材来获取知识，还需要利用其自身的判断，对教材内容进行选择和取舍。因此，可以说，教学内容是由教师和学生对教材进行综合处理和创新应用的结果。在这个过程中，教材既是知识的宝库，也是教学过程的指引和基石。

中小学信息科技学科的主要特性是其工具性和人文性的融合。在这个领域，教师需要掌握一些基本的信息科技知识和技能，如计算机的基本使用技巧和各种办公软件的运用。而且在中小学信息科技教材中，还能发现大量的德育元素。这些元素表明，中小学信息科技教育不仅着眼提高学生的科技能力，也关注他们的道德和人格发展。因此，信息科技教育是智育和德育的结合，为中小学信息科技教学和德育的整合提供了巨大的可能性和操作空间。目前我国的教育发展水平各地存在不平衡，尤其在中小学信息科技教材方面，全国范围内还没有实现统一。现在市场上存在的中小学信息科技教材版本非常丰富，包括人民教育出版社（人教版）、浙江教育出版社（浙教版）、江苏凤凰科学技术出版社（苏教版）、河南教育出版社（豫教版）等众多版本，这既反映出我国教育资源的丰富性，也表明我国在中小学信息科技教材标准化方面，仍需要做更多的努力。

中小学信息科技教材具有以下四个特点。第一，教材以信息知识为主线，结合任务驱动的教学模式。这种教学模式贯穿了以学生为中心的教育理念，使学生在完成任务的过程中，可以自然而然地掌握计算机的基础操作和技巧。这种方式旨在将理论知识与实际操作紧密结合，让学生在实践中学习、在学习中实践。第二，教材强调研究型学习方法，意图培养学生的自主探究精神。在这个过程中，学生能够通过自己的努力解决问题、完成任务，从而提高自我学习能力和创新思维能力。这种方法不仅符合学生的认知发展规律，而且能更好地激发他们对学习的热情和兴趣。第三，教材内容紧扣学生的实际生活，注重通过任务和游戏等形式使教学内容变得生动、实际。这种方法不仅有助于提高学生的学习兴趣，更能培养他们的实际操作能力和解决问题能力，使学生能够在完成任务的过程中发展和强化他们的自主学习和探究能力。第四，教材中富含德育元素。这些德育元素包括良好的行为习惯、爱国主义教育、自主探究、实践创新和环境保护等，有助于引导学生形成良好的行为习惯和道德观念，这符合中小学阶段学生的道德认知发展规律，为他们的全面发展提供了支持。但这些德育元素在教材中的表现通常较为隐蔽，因此，教师需要有足够的德育意识和能力去发现并应用这些元素。教师需要认识到，对学生进行德育是每个教育工作者的责任和义务，他们需要在日常教学中融入德育，使之成为中小学信息科技教学中一个不可或缺的部分。

总之，中小学信息科技教材的内容主题广博且极具实际性，其内容与学生的学习和生活密切相关，可以有效吸引学生的学习兴趣。而且，中小学信息科技教材中各课时主题都富含德育元素，形成了丰富的德育资源库。每个课时的知识点都紧密相连，按照由易到难、由浅入深的原则逐步展开，形成了明确的知识结构和路径。同时，这些教材也遵循了德育知识的渐进发展原则，通过循序渐进的方式将德育融入信息科技教学之中。这样的教学设计和实践不仅贴近学生的实际，也符合中小学阶段学生的道德认知发展规律。因此，中小学信息科技教材以其特有的方式，有效地融合了知识教学和德育，充分展示了教材的重要价值和作用。

二、中小学信息科技教学的心理健康教育内容

（一）在中小学信息科技教学中实施心理健康教育的重要性

中小学信息科技教学的特性使其成为推进中小学生心理健康教育的重要工具。它通过在线虚拟体验、网络心理测评、网络聊天等手段，为学生提供了一个轻松愉快的环境，以便获得心理健康知识。这凸显了中小学信息科技教学和心理健康教育有机融合的重要性。对此，可以进行以下两点归纳。

一方面，利用网络的匿名性，教师可以为学生提供在线心理咨询，创造一个轻松、和谐的环境来对学生进行心理健康教育。中小学信息科技教学不仅可以帮助学生掌握一些必要的心理知识，而且还可以提升他们的身心健康技能。在这个过程中，学生可以无拘无束地表达自己的想法和情绪，而不必担心被批评或误解。同时，教师也可以更深入地了解学生的内心世界，从而为他们提供更有效的指导和帮助。另一方面，通过信息科技教学与心理健康教育的有机结合，教师可以激发学生的参与兴趣，拓展信息科技的教学内容。在信息技术教学过程中，有大量的心

理健康教育资源可以为学生提供有效的帮助。例如，网络上有大量的心理健康课程、心理测试和自我帮助资源等。这些资源为教师提供了丰富的素材，可以使面向学生的心理健康辅导工作更加有趣、更加深入，从而获得更好的效果。

（二）在中小学信息科技教学内容中融入心理健康教育元素

在中小学信息科技教学中，心理健康教育元素的融入具有重要的意义，其不仅能提高学生的心理素质，使他们更好地适应社会，也能帮助学生养成良好的学习习惯，提高学习效率，使他们更全面地发展个人潜能。中小学信息科技教学中融入的心理健康教育元素如下。

1. 普及心理健康知识，树立心理健康意识

它能帮助学生理解自我，了解自己的情绪、思考方式和行为模式，从而实现自我调适。对于那些已经出现心理问题的学生来说，通过学习心理健康知识，他们能够及时寻求专业的帮助，避免问题的恶化。此外，这项元素能够帮助学生有效学习一些策略和技巧。例如，学习如何管理自己的时间，如何处理学习中的压力，如何提高学习效率，等等。这些都是成功学习的关键，也是学生未来生活中必不可少的技能。

2. 人际交往的知识和技巧

在中小学信息科技课程中，学生们需要通过网络和其他媒介进行合作和交流。因此，他们需要学习如何有效地沟通，如何处理人际关系中的冲突，如何建立和维护健康的关系。

3. 情绪调适

面对学习和生活中的压力，学生们需要学会如何调整自己的情绪，如何处理负面情绪，如何在困难和压力面前保持积极和乐观的态度。

4. 升学择业的指导

通过掌握这些知识，学生们可以更清楚地了解自己的兴趣和优势，做出更符合自己发展的升学和就业选择。此外，这项元素也可以帮助学

生进行生活和社会适应，包括如何处理生活中的各种问题，如何适应社会的变化，如何处理人际关系，等等。

总的来说，将心理健康教育内容融入中小学信息科技教学中，有助于学生建立健康的心理，提高学习效率，更好地适应社会，实现自我发展。

三、中小学信息科技教学中的中华优秀传统文化教育内容

（一）在中小学信息科技教学中实施中华优秀传统文化教育的重要性

1. 必要性

在信息时代，人们身处一个丰富且多元化的文化环境。信息科技课程作为一个前沿的学科领域，肩负着培养学生信息技能以及民族精神的双重使命。在全球化的语境下，必须确保学生在吸收世界文化精华的同时，不受不良因素的侵蚀，保持对自己民族文化的敬仰和尊重。互联网作为一种全新的文化载体，无可避免地对现实社会产生了深远的影响，特别是青少年学生，它在青少年学生世界观、人生观、价值观的形成过程中扮演了重要角色。但互联网的影响并非全然积极，过度依赖网络的青少年可能会出现“网络成瘾症”，严重干扰他们的正常学习和生活，威胁他们的身心健康。中华优秀传统文化具有深厚的底蕴，其中蕴含的人文精神和价值观是中华民族不可或缺的精神财富，是人类与世界交流、对话的重要资源。弘扬中华优秀传统文化，学校教育起着不可替代的作用。实际上，世界各国都十分重视通过学校教育传播本民族的传统文化，以此来保存、延续并发扬本国的民族精神和民族文化特色。

2. 可行性

信息科技课程在中小学教育中扮演着重要的角色。尽管这门学科的知识内容在中小学阶段深度有限，但其具有直接应用现代科技成果、感知科技发展水平的特性，以及信息量大、表现形式多样、交互性好的优

势，这些特征和优势使得它成为学生们喜欢的课堂教育形式。中小学信息科技教学的挑战在于，教师必须在学生的认知程度和情感需求间找到共鸣，否则可能导致学生失去学习兴趣。学生们往往清楚地知道信息科技课程并不是高考的科目，因此，如果他们对学习内容不感兴趣，就可能对这门课程的重视程度降低，这就进一步增加了教师组织教学的难度。信息科技课程以其现代教育方式和丰富多样的教学资源，为教师的教学提供了一个独特的机会，使其可以把中华优秀传统文化教育渗入该课程，让学生们在学习技术的同时，也能了解和欣赏中华优秀传统文化。这种结合，不仅能帮助学生深入理解中华优秀传统文化，而且也能激发他们对信息科技课程学习的兴趣。

（二）在中小学信息科技教学内容中融入中华优秀传统文化教育元素

中华优秀传统文化是千年文明的瑰宝，源远流长，内涵丰富。其中，儒家文化作为主要的构成部分，它对中华民族的影响深远而广泛。同时，道家和佛家文化也在历史的长河中相互碰撞、批判、融合，一同塑造了中华民族深邃的思想观念、丰富的人文精神和坚定的道德规范。这三大文化流派的交融互补，使得中华优秀传统文化以其独特的魅力熠熠生辉。中国是一个历史延续超过五千年的文明古国，其深厚的文化底蕴让世人瞩目。因此，建设科学的传统文化教育体系，对于传承和发扬中华民族的文明是至关重要的。通过系统和深入的教育，教师能够让青少年了解中国传统、熟悉中华文化、秉持中华民族精神，做到知史爱国。

1. 中华优秀传统文化知识教育

在中华优秀传统文化丰富而庞大的知识体系中，语言知识、文学知识以及历史知识是不可或缺的三大支柱。语言，作为一个民族的思维工具，塑造并影响着人们的思维方式，进而影响着一个民族的文化精神。因此，深入理解并掌握语言知识，是学习传统文化的基础和保障。同时，语言的独特性能够让人们更深刻地理解中华优秀传统文化的独特性和价值。中国古典文学是对中华优秀传统文化的一种美的表达，其内涵深厚，外延广博，涵盖了儒家、道家和佛家的思想，蕴含了文学、历史和哲学的知识。这些文学作品是人们了解古代社会、理解古人思想和情感的窗口，也是人们感悟生命、领略美与善的源泉。中华优秀传统文化是在特定的历史条件下形成的，那个时代的人、事、物与今天都有很大差异。因此，掌握历史知识，能帮助学生更好地理解和把握传统文化的来龙去脉，并从历史的角度去理解和感受传统文化。更重要的是，了解历史可以帮助学生更深刻地认识自身，从而增强自身的文化自信。

2. 中华民族精神教育

中华民族精神是中华民族历史长河中深深烙印的文化基因，这种独特的精神力量，源自民族的历史经验、文化积淀和价值取向。本书将中华民族精神概括为以下五个核心要素。

第一，“天人合一”的人本观念。这种观念是对人与自然关系的一种深刻理解，强调人与自然的和谐共生，人类应尊重自然、顺应自然，与自然和谐共存，以实现人与自然的全面和谐发展。第二，“自强不息”的进取精神。这种精神体现了中国人民在面对困难和挑战时不屈不挠、百折不挠的坚韧品格，是中国人民不断自我革新、勇往直前的动力源泉。第三，“厚德载物”的博大胸襟。这种精神强调以德治世、以德服人，体现了中华民族的包容性、宽容性和仁爱精神，是中华民族自我完善、自我提升的道德标杆。第四，“贵和尚中”的价值取向。这是中华民族倡导和平、尊重多样性、崇尚和谐的价值理念，体现了中国人民和谐共处、和平发展的愿望。第五，“爱国主义”的民族情怀。这种情怀表现为热爱祖国、忠诚于国家、服务于人民，是中国人民团结一致、共筑中国梦的强大精神力量。

这五个方面的中华民族精神，既深深体现在儒释道的学说中，又融合在文史哲的学术研究里，更深入地融化在每一个中国人的日常生活中。这些中华民族精神既是事实，又是理论，更是方法；是中华民族自信的底气，是中华民族在新时代中砥砺前行的根本力量，也是实现中华民族伟大复兴的中国梦所应秉持的精神导向。

3. 中华优秀传统文化养成教育

“知行合一”是中华优秀传统文化的核心观念之一。中华优秀传统文化教育的终极目标，就是要通过知识的传授和实践的进行，引导青少年养成良好的习惯，提高他们的人格修养，实现“以文化人，以文育人，学以成人”的理想状态。中华优秀传统文化的教育和养成，不仅是使学生学习知识，更是使学生实践知识，使知识真正内化为个人的能力和素质。

中华优秀传统文化养成教育，关键的一环是家庭教育和家风的建设。家庭是每个人最初的社会环境，家庭教育和家风对个人价值观、人格特质的形成具有深远影响。优秀的家风能够帮助青少年树立正确的人生观、价值观。中华优秀传统文化养成教育的另一环则是学校教育和校园文化的建设。学校是青少年的主要活动场所，也是他们获取知识、形成人格的重要环境。一个良好的校园文化环境，能够深化青少年的品德自觉，引导他们形成良好的行为习惯和人格品质。另外，规章制度建设是个体素质提升的重要手段。规章制度可以引导青少年按照既定的行为规范行事，使他们形成良好的社会习惯，提高他们的道德品质。

在这个过程中，教师要将中华优秀传统文化教育细化到青少年的日常生活中，让他们在“不知不觉”中接受教育和引导，使中华民族精神融入他们的生活和血脉之中，不断增强他们对中华优秀传统文化的参与感、获得感和认同感，使他们真正成为中华优秀传统文化的传人。

第四章　中小学信息科技教学的常见教学方法

第一节　任务驱动教学法

一、任务驱动教学法的内涵

“任务驱动”是一种教学方式，它立足建构主义教学理论，以任务的导向性和教学情境的营造为显著特征，以创新学生的学习方式和提高学生的学习效果为目的。在这种教学模式中，学生将以一个具体的任务为中心，以强烈的解决问题动机的驱动，通过积极主动利用学习资源，进行自我探索和互动协作，以完成既定任务。在中小学信息科技教学的过程中，教师会协助学生紧密围绕一个共享的任务或项目，通过自主学习和协作实践来完成这个任务。这一过程不仅能够帮助学生锻炼和提升解决问题的能力，也能够在实践中使学生得到知识和技能的应用。在“任务驱动”下，学生在完成任务和解决问题的过程中，会不断获得成就感和满足感，这些正面的情绪有助于进一步激发他们的学习动力和求知欲，从而形成一种积极的学习循环。在这样的环境下，学生会逐渐养成独立探索和勇于开拓的自我学习能力。

二、任务驱动教学法的特点

任务驱动教学法的核心是以任务为驱动，让学生在完成具体任务的过程中学习和掌握知识。任务驱动教学法的特点主要体现在以下三个方面，如图 4-1 所示。

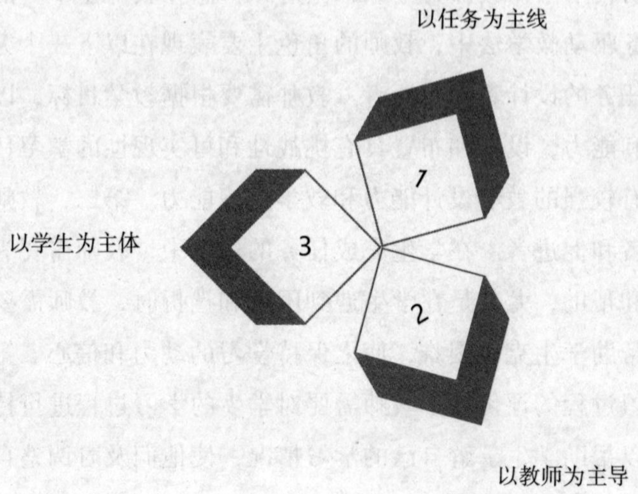

图 4-1　任务驱动教学法的特点

（一）以任务为主线

任务驱动教学法以具体的教学任务为主线，使得学生的学习过程具有明确的目标和方向。任务驱动教学法区别于传统的以知识点为主线的教学方式，是通过一项具体的、有实际意义的任务，让学生在实践中理解和掌握相关知识，这种学习方式更符合认知心理学的理论，即人们更容易在实践中学习和理解知识。任务驱动教学法让学生在实际操作中不断探索和思考，寻找最优的解决方案，而不是单纯地学习理论知识，这不仅能够锻炼学生的实践操作能力，也能提高他们的解决问题能力和创新思维能力。另外，任务驱动教学法强调的是过程，而非结果，这种教学法主张让学生在解决问题的过程中积累经验，从实践中学习，从而在学习过程中培养自己的解决问题能力和学习能力。而这种能力的提升，无疑对学生的未来学习和生活都有着重要的影响。

（二）以教师为主导

任务驱动教学法以教师为主导，但这并不意味教师是单一的知识传授者。在任务驱动教学法中，教师的角色主要表现在以下三个方面。第一，教师是任务的设计者和布置者。教师需要根据教学目标，以及学生的学习情况和能力，设计和布置具有挑战性和可实现性的学习任务，这要求教师具有较强的教学设计能力和教学组织能力。第二，教师是学生学习的引导者和促进者。在学生完成任务的过程中，教师需要为其提供必要的指导和帮助，尤其是在学生遇到困难和挫折时，教师需要通过引导和激励，帮助学生克服困难，使之保持学习的动力和信心。第三，教师是学生学习过程的评价者。教师需要对学生的学习过程进行持续的评价和反馈，以帮助学生了解自己的学习情况，使他们及时调整自己的学习策略和方法，提高学习效果。第四，教师是学生学习环境的创造者。教师需要创造一个有利于学生自主学习和合作学习的学习环境，包括物质环境、社会环境和精神环境。

（三）以学生为主体

任务驱动教学法以学生为主体，充分尊重和发挥学生的主观能动性。在这一教学模式下，学生不再是被动接受知识的对象，而是主动参与和创新思考的主体。任务驱动教学法以学生为主体主要表现在以下三个方面。

1. 学生是任务的承担者和实施者

学生需要运用自己所学的知识和技能，通过自主探索、实践和合作学习等方式，完成教师布置的学习任务。这一过程中，学生不仅能够深化和巩固信息科技课程的理论知识，也能够提高自身解决问题和合作学习的能力。

2. 学生是学习过程的管理者和调控者

学生需要适时调控自己的学习过程，包括设置学习目标、选择学习策略、评价学习效果等。这种自我调控的学习过程，有利于培养学生的自主学习能力和认知能力。

3. 学生是自身学习的反思者和评价者

在完成任务的过程中，学生需要对自己的学习过程和学习效果进行反思和评价，从而提升自身对学习过程的理解，找出自己的优点和不足，及时调整学习策略，提高学习效率和效果。

三、任务驱动教学法应用于中小学信息科技教学的过程示例

任务驱动教学法以具体任务的完成为教学的主线，这种教学方式嵌入了教学内容，使得学生能够在完成任务的过程中接触并掌握相关知识。在任务驱动教学法中，每个任务都是一个学习的机会，这些任务不仅能够让学生了解并掌握相关的知识，也能够让他们学会如何解决问题，如何思考问题，以及如何寻找问题的解决方法。这种学习过程强调了学生的主体性和创新性，鼓励他们主动发现问题并解决问题，有利于培养他们的创新精神和自我驱动学习的习惯。①

（一）精心设计任务

中小学信息科技教材中每一章的内容并不是孤立的，教师可以将每一章设置成一个大任务，然后将大任务划分成若干个小任务，每一节由一个或多个小任务构成。

以小学信息科技“Word 的功能和使用”这一章内容为例，教师可以

① 邱顺福.任务驱动教学法在初中信息技术教育中的应用探究[J].新课程，2022(41)：171-173.

为学生设置“编制一份精美班级小报”的任务，这一任务蕴含着以下五个知识点：第一，Word 的基本概念，建立编辑文档；第二，设置字体、字号，进行段落排版；第三，页面设置及文档打印；第四，Word 的图形功能；第五，Word 的表格功能。

教师不仅要将这五个知识点拆分到五个小任务当中，当学生每节课完成一个小任务，教师还要将每节课的一个小任务进一步细分成若干个更小的任务。例如，第一节课的任务是“按照要求修改现有文档”，这一要求中蕴含着以下三个知识点：第一，Word 的基本概念；第二，文档的建立、打开与关闭；第三，编辑文档。针对这三个知识点，教师需要设置三个对应的小任务，每个任务需要按照当前学生的知识水平、教学内容进行合理安排。

（二）分析任务并提出问题

任务驱动的教学方法在教学过程中融合了新旧知识，它为学生创造了一个情境，让他们通过完成任务来进行学习。每一个任务都以学生的实际需求为出发点，从而更好地激发学生的主动求知欲望。以小学信息科技“Excel 电子表格”教学为例，教师可以不直接讲授 Excel 的操作步骤，而是向学生布置一个实际任务：制作一份全班学生期中考试的成绩汇总表。任务一旦提出，学生自然会开始思考如何去完成任务，这个过程就会激发他们提出问题，而这些问题往往正是他们需要学习的知识点。学生在探讨如何完成任务的过程中，不仅可以复习和应用已学过的知识，如数据输入、格式设置等，同时也会碰到新的问题，如怎样使用函数、如何设置页面等，这些都是新的知识点。教师可以在此时对学生进行适当的引导和教授新的知识。在这种教学模式下，新知识的学习并不是孤立的，而是融入完成实际任务的过程中，这不仅提高了学生的学习效率，也提高了学生的学习兴趣。这种模式还帮助学生实现了理论知识和实际操作的结合，让他们在解决实际问题的过程中获得了知识和技能的双重提升。此外，任务驱动教学法还有助于培养学生的独立思考能力和解决问题能力，让他们在未来面对复杂问题时有更多的信心和能力。

（三）及时讲授新知识

任务驱动的教学方法要求在问题提出后，学生开始寻找解决问题的方法，这一过程需要教师和学生共同参与。对于已知问题，学生可以依靠自己已有的知识和技能去解决；对于新问题，学生和教师可以共同探索解决方法。教师在课堂上的授课时间通常不会超过 10 分钟，然后会让学生开始一个与刚才教授内容相关的活动或练习，也就是完成一个小任务。在这种模式下，学生的思维始终被教学内容牵引，他们不会轻易走神或者分心。每一次活动或任务结束后，教师都会立刻开始下一部分的教学，使学生在兴奋的状态下接受新的知识。这种教学方法的优点在于，学生可以在高度集中的状态下巩固新学的知识，这种即学即用的模式，能让学生更好地理解和掌握知识，也能让学生更容易产生学习兴趣。同时，每次完成任务，学生都能获得成就感，这对于提升他们的自信心和激发他们的学习热情有着极大的帮助。

四、任务驱动教学法的应用需要注意的问题

（一）把好任务设计关

在中小学信息科技课程的教学过程中，任务对教学效果的影响深远而显著。因此，关于任务设计和编排的策略就显得尤为重要。

首先，任务设计应明确其目标。这需要教师在确定学习总体目标的基础上，将这个大目标细分成一个个小目标，然后将每一个学习模块的内容进一步细化为一系列容易掌握的任务。学生通过完成这些小任务，最终达成总的学习目标。在这个过程中，目标的明确性可以帮助学生明确学习方向，使他们在学习过程中不易迷失。

其次，任务设计需要充分考虑学生的特性。学生之间接受知识的能力、兴趣和拥有的知识等存在很大的差异。因此，教师在设计任务时需

要从学生的实际出发，根据他们的文化背景、认知能力、年龄和兴趣等因素进行差异化的教学设计，实现因材施教。

再次，任务设计应注意合理分散知识点和技能的重点、难点。掌握信息科技知识和技能是一个逐步积累的过程，因此，教师在设计任务时，需要综合考虑任务的规模、知识点的复杂度和任务之间的逻辑联系等多个因素，以确保每个任务都能最大限度地推动学生的学习进步。

最后，教师在介绍新概念、新知识时，可以通过布置任务的方式来引入。这种方式更符合学生的认知规律，与传统的“定义—解释—例子”方式相比，使用“任务—方法—总结”的方式可以更好地激发学生的兴趣，同时让学生在实践中理解和掌握新知识，提高教学效果。

（二）教师要做好角色转换

基于任务驱动教学法“以任务为主线、以教师为主导、以学生为主体”的基本特点，教师在这个过程中必须进行角色的转换。这个角色转换的含义是双重的：一方面，教师的角色从传统的讲述者和灌输者，变成了组织者和引导者；另一方面，教师从讲台上的传授者，转变为与学生进行交流和讨论的参与者，成为共同学习的一员。

任务驱动教学法强调教师要明确自己的角色，认识到学生的知识并不是由教师灌输得来的被动接受物，而是在教师的引导下，由学生主动构建的。在这个教学过程中，教师并非无足轻重或无所作为，相反，他们的作用比在传统教学中更为重要，更为不可或缺。因此，教师不能以为只有站在讲台上讲课才是自己的职责所在。在任务驱动教学中，教师应充分了解学生。当学生在学习中遇到困难时，教师应当为他们搭建学习的支架；当学生的学习积极性不足时，教师应注意引导，促使学生完成任务；在学生完成基本任务后，教师需要激发学生的创作欲望，让他们进一步完善创作任务；任务完成后，教师还需要及时进行评价，给予学生反馈。

（三）提供必要的实践条件

信息科技课程是一门具有较强实践性的课程，对于这类课程来说，“百闻百见不如实际体验”。相比单纯地听教师讲解或者观看教师演示，学生亲自上机操作、亲手实践会更加有利于他们真正地理解和掌握知识。教师在进行知识讲解和演示之后，关键的一步便是让学生动手实践，让他们在实践中把握知识，掌握操作方法。

理想的教学环境应当是一人一机的电子教室或者多媒体教室，这样每个学生都有机会亲自实践，直接面对问题，自主解决问题。然而，信息科技课程在我国的发展历史并不长，因此很多学校可能并没有成熟的教学模式和方法。这时候，任务驱动教学法就显得尤其重要，这种教学方法能够引导学生主动学习，鼓励他们在实践中寻找解决问题的方法，这正是信息科技课程所需要的。因此，对于教师来说，深入研究和掌握任务驱动教学法，并将其运用到中小学信息科技课程的教学中，将会对提高教学效果产生积极影响。

第二节 创客教学法

一、创客教学法的概念解读

（一）创客和创客教育

创客理念起源于美国，由克里斯·安德森（Chris Anderson）在其著作《创客：新工业革命》中首次提出。安德森认为，创客是那些将富有创造性的构想转化为现实的人，他们面临的技术挑战往往相当大，需要具备丰富的知识和较强的创新意识，并强调实践和分享的价值。[①] 这一理

① 安德森．创客：新工业革命[M]．萧潇，译．北京：中信出版社，2015：1-13.

念在后来的教育领域得到了深入应用，即创客教育。

创客教育是有关部门针对中小学教育体系中创新能力培养不足的问题，将创客理念引入其中，以实施一系列关于创新和动手能力训练综合课程的教育。创客教育的宗旨是让教育体系能够更好地匹配学生的综合能力和素质，将学生的应试能力逐步转变为全面发展的综合素质。创客教育不仅仅是一种新的教育方法，更是一种新的教育理念，它强调学生的实践操作能力，鼓励学生自主学习，培养学生的创新意识和解决问题能力。创客教育中的实践，不仅是对知识的运用，也是对创新精神的锻炼。在这个过程中，学生能够通过动手操作，将理论知识转化为实践技能，体验从无到有、从想法到实物的创造过程。同时，创客教育强调开放和分享的精神。学生在创作过程中，会分享他们的想法和作品，这不仅能提高他们的沟通能力，也有利于培养他们的团队合作精神。在分享的过程中，学生可以学习到其他同学的优点，也可以通过他人的反馈改进自己的作品，这是一种非常有效的学习方式。

（二）创客教学法

创客教学法是创客教育在学科教学中的具体实施，是鼓励学生通过探索、发明和创造来主动和协作学习的教学方法。这种方法在 2014 年被提出，并被视为“做中学”理论的进一步发展。

在创客教学法中，教师不再仅仅是知识的传授者，而变成了学生学习过程中的引导者和合作者，他们不直接向学生传授教学内容，而是引导学生通过自己的探索和创造来主动地获取知识。学生在这种环境中，会更加主动地投入学习，也会更加积极寻找问题的解决方法，自我驱动学习，这在很大程度上提高了学生的学习效果和学习兴趣。创客教学法广泛应用于各个学科领域，包括语文、数学、英语、音乐、美术、信息科技等，它鼓励学生跳出传统的学科框架，跨学科思考，实现知识的综合运用。而且，创客教学法不只是局限于有形的实物创造，还包括无形的作品，如编程项目、音乐创作、故事创作等。

二、创客教学法的优势

（一）突出学生主体地位，提高其解决问题能力

新的课程标准强调了教师在教学中的主导作用，并明确了学生在学习过程中的主体地位，这种教育理念在创客教学法中得到了深刻的体现。[①] 在创客教学法中，教师在教授新知识和整理重点知识之后，还要将学生引导至制作、分享、评价这三个核心的教学环节，这样，学生就能够积极地参与到课堂学习中来。在这三个环节中，学生始终处于主体的位置。在制作环节，学生在小组合作和教师指导的环境下完成作品的创作。在这一环节，学生通过实践操作，将理论知识具体化，同时也在解决问题、克服困难的过程中锻炼自己的能力。完成作品后，学生会在分享环节展示自己的作品，他们也会在这个环节看到其他人的创新实践，并与自己的作品进行比较。这种分享过程不仅能够提高学生的沟通能力，也有助于他们从其他人的优秀作品中学习，提升自己的创新能力。在评价环节，学生、小组和教师将对作品进行评价，这不仅能够让学生看到自己作品的优点和不足，也鼓励他们从中学习和改进。通过这样的评价过程，学生可以更深入地理解知识，提高自身的解决问题能力。

（二）发散学生思维，提高其实践作品质量

中小学信息科技课程的实践作品是衡量学生学习效果和教师教学水平的重要标志。要创作出有特色且高质量的实践作品，学生需要具备良好的发散思维能力，而创客教学法的最终目标就是引导学生创作出完整且富有创新性的作品，并在这个过程中，培养学生的发散思维。创客教学法通过创意和制作两个环节来培养学生的发散思维。在创意环节，教师不仅要向学生展示自己的作品，更重要的是要引导学生在这个过程中

① 傅骞．基于SCS创客教学法的教学实践[J].科教导刊，2021（15）：12-14.

产生自己的创新想法。教师要鼓励学生从各个角度观察问题，提出自己的解决方案，这样可以促进学生的思维跳跃，引发他们的创新灵感。产生创意后，学生将在制作环节将自己的创新想法变为现实。在这个过程中，学生不仅可以通过实践提升自己的技术技能，还能在解决实际问题的过程中提高自己的解决问题能力。创客教学法强调使学生在“做”的过程中展现自我特色，鼓励他们进行思维发散，同时基于自己的想法进行实践操作，并在实践中不断发现和解决问题，提高他们的创新能力和解决问题能力，为他们的未来发展打下坚实的基础。

（三）改变评价方式，提高学生的学习效果

在中小学信息科技实践课中，教师的教学质量和学生的学习程度通常通过最终作品的完成质量来展现。作品质量的评估结果是对学生课堂学习成效的直接反映。传统的评价方式往往较为单一，可能无法全面、准确地反映学生的学习效果；而创客教学法引入了多元的评价环节，能够激发学生的积极参与热情。创客教学法鼓励全体学生参与作品的评价，以此调动他们的积极性，这一评价方式通过多维度、全方位的评估方法，让学生对自己的作品有了更深入、全面的了解。创客教学法还鼓励学生在评价后对自己的作品进行修改和补充，以此不断提高作品的质量。这样，学生不仅能制作出高质量的作品，也能通过这个过程提高自身的学习效果。在创客教学法的评价环节，教师和同学们共同参与，这一集体评价的方式无疑提升了评价的全面性和公正性。而在学生接受评价后进行的修改和补充环节，也是对学生批判性思维能力和解决问题能力的进一步锻炼。这种方式以作品为载体，将学习、创新和反思紧密结合在一起，让学生在动手实践中得到全面发展，这也是创客教学法的重要价值所在。

三、创客教学法应用于中小学信息科技教学的模型构建

（一）构建思路

创客教学法模型的构建以解决课堂教学中的现存问题为出发点，以中小学信息科技教学内容的特点和课堂实践教学的特点为依据，基于构建主义学习理论、“做中学”理论，致力学生解决问题能力的培养与提升。

在创客教学法模型的构建中，首先，基于构建主义学习理论的指导，教学活动可以创建真实的学习场景，以引发和鼓励学生的主动探索和学习。在创客教学模型中，创意和设计环节与面对问题的态度相结合，从而引导学生在遇到问题时能保持积极主动的态度，激发其解决问题的决心和勇气。其次，教师通过将“做中学”理论与创客教学模型的制作环节相结合，让学生在实践中获取经验和知识。学生在动手制作过程中，不仅能学到具体的技能，还可能发现新的问题，进而寻找并尝试运用不同的解决方法解决问题。解决问题的过程可以帮助学生了解解决问题的步骤和方法，从而提升他们的实践能力和解决问题能力。最后，教师要将解决问题能力理论与创客教学模型的分享和评价环节相结合。学生在分享和评价过程中可以重新审视自己的作品，思考自己是否已经成功解决了问题，以及是否还存在更好的解决方案。这样的过程可以进一步提升学生的反思和自评能力，有助于他们形成良好的解决问题思维模式。由此，创客教学法模型成功地融合了建构主义学习理论、“做中学”理论和解决问题能力理论，为学生提供了一个具有挑战性、充满创造性并强调实践的学习环境，从而提高了他们的学习效果和能力素质。

（二）创客教学法的模型及分析

解决问题能力是中小学生在成长过程中必须习得和发展的关键技能之一，它为中小学生其他各种思维品质的培养打下了坚实的基础。创客教学法由五个主要环节构成，包括：创意、设计、制作、分享与评价，

如图 4-2 所示。在这五个环节中，每个环节的设计都需要考虑学生的心理特征，并为其设定配套的教学任务和目标。创意环节鼓励学生用新颖独特的方式思考问题；设计环节则要求学生详细规划如何将他们的创意变为现实；制作环节侧重学生实践，让他们将想法转化为实体；而分享和评价环节则给学生提供了一个向他人展示成果和接受反馈的机会。在整个过程中，学生不仅可以锻炼和提升他们的技能，而且通过解决遇到的实际问题，他们的综合能力也会得到显著提高。因此，五步创客教学法不仅有利于激发学生的潜能，也能有效提升学生的解决问题能力。

图 4-2　创客教学法的主要环节

创客教学模型将解决问题能力的三个维度，分别为面对问题的态度（创意和设计）、解决问题的方法（制作）、解决问题时的思维品质（分享与评价），与创客教学法相结合，让学生每一个维度的能力都能有所提高。

四、创客教学法应用于中小学信息科技教学的五大环节

在中小学信息科技课堂教学中，教师要按照事先设计好的创客教学法模型进行教学实践，该教学模型将整个教学实践过程分为五个部分，按照前后顺序依次分别是：创意、设计、制作、分享、评价。下面以初中信息科技课程中 Photoshop 软件的学习和综合运用为例，对五个环节进行具体描述。

（一）创意

对于 Photoshop 的学习，并非只是理论知识，更重要的是学生如何将这些理论知识运用到实际的工作中，最终呈现一个富有创意、完整度高、视觉效果出众的作品。在创客教学法中，“创意”被作为第一步，这是因为在教学过程中，教师需要以一种引导和激励的角色出现，目的不只是要求学生将理论知识运用到实际中，更重要的是引导学生去思考，启发学生的创新思维，帮助他们挖掘自身更多的可能性。在教师的引导下，学生能迅速进入学习状态，他们不再是被动地接受知识，而是在教师创设的真实情境下主动去思考问题，尝试建立自己的知识体系，扩展他们的思考范围。这种主动参与的学习方式，不仅能提高学生的理解和记忆能力，也可以帮助他们开发创新思维。另外，“创意”环节也能够帮助学生养成思考和观察问题的习惯，鼓励他们从多角度和深度去思考问题，让他们理解并掌握知识的本质和意义。这是学生进行有效学习的关键一步，创意环节能够帮助他们建立自己的知识体系，提高他们的理解和应用能力，最终实现高质量的学习成果。

（二）设计

学生在创意环节通过教师的启发和指导已经产生了许多新的想法，接下来就需要通过设计环节对这些想法进行梳理和整合。在学生学习 Photoshop 的过程中，设计环节起着至关重要的作用，因为学生在这个阶段需要将他们的想法规划和组织起来，使之形成一个可实施的项目计划。

同时，他们也需要考虑多种实践因素，如“自己是否具备完成这个作品所需的技术能力”“是否拥有完成作品所需的素材”“是否有足够的理论知识为作品提供支撑”。在设计环节中，教师也极其关键。他们需要为学生设定相关任务，使得学生能够有目标、有计划地整理自己的想法。同时，教师也需要为学生提供理论知识和技术支持，以确保学生能够实现他们的设计理念。

设计环节不仅让学生更深入地了解和掌握了 Photoshop 技能，也锻炼了他们的思考能力，让他们从实践中学习和成长。在这个过程中，学生在自主思考和创新设计的同时，也在提升自身的综合素质和能力。

（三）制作

在中小学信息科技课程中，特别是在 Photoshop 内容中，制作环节是至关重要的一步。这一步骤是学生将理论知识转化为实际操作的过程，也是检验他们对 Photoshop 理论知识理解和应用程度的关键环节。他们在这一阶段的执行情况和最终提交的作品，都能反映出学生的学习成果以及教师的教学效果。

在制作环节中，学生通常采用小组合作的方式完成作品，教师在这一过程中至关重要。首先，他们需要根据学生的个性和特点进行合理的分组，确保在团队内部的交流和合作中，每个学生都能在最大限度上提升自身的技能和知识。其次，教师需要在整个过程中不断进行巡视，观察学生的操作表现，对于学生遇到的难题提供必要的指导。在团队协作中，学生的参与程度和投入度直接影响到他们的学习效果，因此，教师需要运用各种教学技巧鼓励学生积极参与，同时也要确保每个学生都能在这个过程中发挥出自己的能力。此外，教师还需要提供各种类型的素材供学生选择和使用，这不仅可以让学生熟悉和掌握素材的选择和使用方法，还能激发他们的创新思维。对于有独特创意的学生，教师可以允许他们自行在网络上寻找所需的素材，以实现他们的设计理念。

（四）分享

在中小学信息科技的教学过程中，尤其是Photoshop这样实践性强的课程，分享环节占据着重要的位置。此环节的主要目的是让学生展示自己的作品，以便同学间进行相互观摩和交流。在分享环节中，教师需借助多媒体设备将学生的作品投放到大屏幕上，让所有的同学都能清晰地观看作品。这样的展示不仅能够让学生进行互动和思想交流，而且能够激发他们的学习热情和创新意识。

对学生来说，分享环节也是一个提升自我能力的过程。在作品的展示和交流中，他们能锻炼自己的语言表达和团队协作能力，同时，通过听取他人的反馈和建议，他们可以对自己的作品进行深入思考和优化调整。当学生的作品得到他人的认可和赞赏时，他们在未来的学习中会更加积极主动地寻求创新，更愿意解决自己遇到的问题，从而在实践中找到学习的乐趣。总的来说，分享环节不仅能提升学生的技能，也能激发他们的热情，培养他们的团队精神和公开演讲的能力。

（五）评价

在创客教学法中，评价环节作为最后一步，其重要性不言而喻。这个阶段的评价不仅仅局限于对学生的作品进行评价，也不单纯通过对作品结果的评估来判断学生在整个教学过程中的表现。实际上，它更倾向对学生进行全方位的评价，包括对学生在制作过程中的操作、学习收获，以及最终作品的多角度评估。在评价过程中，教师和学生同为评价的主体，能够形成一种双向互动的评价方式。学生可以对教师的教学效果进行评价，也可以进行自我评估和互相评价，形成主观—互动—反思的评价模式，从而提高自我认知和与他人交往的能力。同时，教师在这一环节中的作用也不仅限于对学生进行综合性的评价，还要引导学生客观、公正地评价自己和他人的作品。

第三节　项目教学法

一、项目教学法的概念界定

“项目教学法”是一种深受各国教育专家学者推崇的教学模式。尽管他们对这种教学方法的理解存在差异，但在不同的视角和研究重点之下，可以发现这些理解之间的共通性，由此可进一步探索项目教学法的特质。

张宝月等人将项目教学法的定义界定为“以项目化的主题为核心，通过对课程内容的项目化设计改善教学效果，提高人才培养质量”[①]。杜鹏瑶指出：“项目教学法是以真实情境为学习环境，以具体问题为探究中心的学习模式，具有探究性学习和研究性学习的双重特点，能有效培养学生的科学探究能力、信息处理能力、知识综合能力、学以致用及创新实践的能力。”[②] 刘俊平认为，“项目教学法是一种以学生为中心设计执行项目的教学和学习方法，从而提升学生的学习效果。”[③] 马博文指出：“‘项目教学法’又称‘项目式学习’，源自欧洲的劳动教育思想，成熟于20世纪中后期，是一种顺应信息社会发展的现代教育模式。它将以往‘教师讲，学生听’的被动教学模式变为‘学生主动参与、自主协作、探索创新’的新型教学模式。”[④]

综合上述观点，笔者认为，项目教学法是一种开放型的教学方法，

① 张宝月，杨文爽．项目教学法在中等职业学校教学中的应用策略[J]. 品位·经典，2023（3）：164-166.

② 杜鹏瑶．项目教学法在高中物理教学中的应用探索研究[D]. 重庆：西南大学，2022.

③ 刘俊平．浅析项目教学法在中职旅游服务与管理专业中的应用[J]. 湖南工业职业技术学院学报，2022，22（4）：72-75.

④ 马博文．项目教学法在高中文言文群文阅读教学中的应用研究[D]. 大连：辽宁师范大学，2022.

它将"项目"作为一个"桥梁"，紧密地将学生（学习的主体）、教师（教学的主导者）和教学内容（项目的对象）连接在一起。在这个教学过程中，学生是学习的主体，而教师只负责提供辅助性的建议，以及进行项目成果评估。这种方法的目的在于培养学生的自主学习能力和跨学科的学习能力。通过参与项目，学生能在实践中深化理论知识，同时，它也鼓励学生进行跨学科的学习和思考，以促进全面的认知发展。

二、项目教学法的特征

在项目教学法中，教师和学生围绕一个共同的主题进行深入的分析和讨论，共同制订可行的计划，并通过协作和互助达成既定的学习目标。项目的结果以一种合理的方式进行展示，以便让所有参与者都看到自己的学习成果。项目教学法的特征主要包括以下三点，如图 4-3 所示。

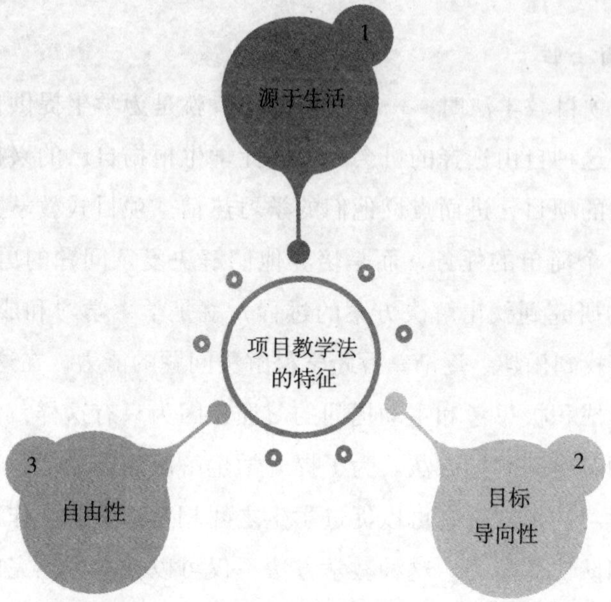

图 4-3　项目教学法的特征

（一）源于生活

项目教学法的一大特色是能够将学习与生活紧密地联系在一起，并把多个学科的内容进行整合，这有利于提升学生的自主学习能力和跨学科思维能力。它鼓励学生从生活中提取问题，寻找解决问题所需的材料，并尝试运用所学理论知识解决实际问题，从而打破了学习的空间限制，使学习活动延伸到日常生活中，促使学生在现实生活中学习和应用知识。

（二）目标导向性

项目教学法的核心价值在于它能够激发学生积极思考，并引导他们主动参与学习过程。在这种教学环境中，学生的思维活跃，积极性高，他们更愿意主动寻求知识，以满足项目需要。在此过程中，教师的作用是激励和引导，而不仅仅是传授知识。因此，项目教学法具有目标导向性特点。

（三）自由性

在采用项目教学法时，一个重要的环节就是为学生提供自主选择项目的机会。这种自由选择的机会，可以让学生根据自己的兴趣和特长挑选适合自己的项目，进而点燃他们的学习热情。项目式教学并不只是让学生完成一个简单的任务，而是培养他们解决复杂问题的勇气和能力。从对问题的研究到找出解决方案的过程，就是学生学习和成长的过程，从中他们会找到乐趣，逐渐掌握跨学科解决问题的能力。在这个过程中，学生需要形成积极思考和主动提问的习惯，因为只有这样，他们才能找出最有效的解决问题的方法。为了提升学生解决问题的能力，教师可以采用小组学习的形式，它可以促进学生之间相互指导和合作，同时能增强他们的团队协作能力。这种教学方法不仅可以让学生在完成任务的过程中学习知识，更可以让他们在实践中掌握解决问题的技能和方法，这对他们未来的学习和生活具有重要的意义。

三、项目教学法应用于中小学信息科技教学中的基本原则

（一）以学生水平为项目难度的调节器

教师需要根据学生的知识水平、技能以及学习兴趣等来设计项目，以确保项目的难度适中，这既能激发学生的学习热情，又不会让他们感到过于困难或压力过大。具体来说，教师首先要了解学生的基本情况，即对学生的知识水平、技能、学习风格以及兴趣爱好等进行全面的了解。基于这些了解，教师可以设定项目的难度，使其既能满足学生的学习需求，又能挑战他们的学习极限。之后，教师需要根据学生的学习水平来调整项目的难度。如果项目过于简单，学生可能会感到无趣或者不再挑战；如果项目过于复杂，学生可能会感到困扰，甚至会对学习产生消极情绪。

另外，教师需要定期检查和调整项目的难度。在项目实施过程中，学生的学习水平可能会发生变化，他们可能会在某些方面取得进步，也可能在其他方面遇到困难。在这种情况下，教师需要根据学生的最新情况来调整项目的难度，确保其仍然符合学生的学习需求。

（二）合理运用课内外学习资源

课内外学习资源丰富多样，如教科书、网络资源、实验设备等，有效利用这些资源可以为学生提供多元化的学习环境，开阔他们的学习视野，培养他们的自主学习和解决问题能力。在项目式教学中，教师不再是传统意义上的“知识的传授者”，而变成了“学习的引导者”和“资源的组织者”。教师要精心设计和安排项目活动，充分利用课内外学习资源，为学生提供真实、情境化的学习环境。这样不仅可以激发学生的学习兴趣和创新精神，还有助于提高他们的学习效率和学习效果。

在利用课内学习资源时，教师可以引导学生学习并运用教科书中的知识，让学生通过亲身实践来深化对知识的理解。同时，教师也可以设计丰富的课堂活动，利用多媒体教学设备等现代教学工具，使课堂教学更加生动有趣。

在利用课外学习资源时，教师可以引导学生利用网络资源进行自主学习和研究，如查阅相关的学术资料、参观在线虚拟博物馆等，从而扩展他们的知识面和提高他们的信息素养。此外，学校的图书馆、科技馆、实验室等也是宝贵的学习资源，教师可以组织学生进行实地学习和实验，让他们在实践中学习和成长。

（三）与课程内容相辅相成

与课程内容相辅相成原则强调项目设计和实施需要紧密结合课程教学大纲，与课程学习目标和主题一致，而不是孤立存在。项目的主题和内容应该为学生提供实践课程理论知识的机会，使他们有机会将所学知识用于解决实际问题。对于信息科技课程而言，涉及的内容比较广泛，包括计算机基础、网络技术、编程语言、数据管理、人工智能等多个领域。在设计项目时，教师可以针对某一主题或内容，如网络安全或 Python 编程，设计相关的项目任务，让学生在完成任务的过程中深入理解和掌握这一主题或内容。同时，教师也可以结合学生的学习需求和兴趣，灵活调整和丰富项目的主题和内容，以提高学生的学习积极性和主动性。

（四）项目开展时长设置合理

项目教学法在中小学信息科技教学中应用的一个基本原则是要合理设置项目的开展时长。项目的时间长度对于学生的学习深度、项目的质量，以及学生对学习内容的理解程度都有着直接的影响。项目开展时间过长可能会导致学生的注意力分散，他们可能在项目进行中的某个阶段感到困惑或无法集中注意力，这对于项目的完成和学生的学习效果是不利的。相反，如果项目开展的时间过短，学生可能无法充分理解和掌握学习内容，也无法深入进行研究，影响他们对知识的理解和应用。在信息科技课程中，教师需要针对不同的课题设置不同的项目开展时长。例如，如果教授一种新的编程语言，可能需要一个学期的时间；如果教授一个较简单的知识，如如何使用电子表格软件进行数据分析，那么一个月的时间可能就足够了。另外，教师还需要考虑学生的年龄和技能水平，确保项目的时间长度适应他们的学习能力和速度。

合理设置项目开展的时长，不仅可以保证学生有足够的时间来完成任务、理解和掌握知识，还可以提高他们的学习积极性和参与度。通过这种方式，可以使项目教学法更有效地应用于中小学信息科技教学中，帮助学生更好地理解和掌握信息科技知识，提高他们的信息素养，为他们未来的学习和职业生涯打下坚实的基础。

四、项目教学法在中小学信息科技课程中应用的思路

（一）确定项目内容

项目教学法在信息科技教育中的首要任务是由教师为学生设定适宜的项目，这涉及确定项目的主题，制定相关的任务，以及激发学生的兴趣去完成这些任务。在设定项目目标时，要考虑到学生当前的实际能力，让他们能在项目中充分利用和展现自己的创新思维。为此，教师需在课堂中先对教学知识点进行系统的整理和讲解，确保学生对这些基础知识有充分的理解和掌握。同时，教师要注意以下两点。

一是项目要有整体性。项目教学法旨在考查学生对教师所教授的知识和技能的掌握程度，以及他们是否能将这些知识和技能系统地运用到实践中。这就要求教师在设计项目任务时，应尽可能地涵盖大部分知识点和技能，从而有助于培养学生的综合素质。

二是项目要有开放性。在采用项目教学法进行教学时，教师应避免过度的干预和控制，而是要鼓励学生通过各种有效的方式来实现项目目标。例如，鼓励学生多思考，积极动手实践，以及大胆尝试创新。通过这种方式，学生可以在实践中学习和发展，同时有助于激发他们的创新精神。

（二）分解细化项目内容

在信息科技课程的项目式教学中，项目内容的分解与细化是非常重要的步骤，它可以帮助学生更好地理解和完成项目任务。在教师的指导下，学生通过讨论和沟通，可以将一个大的综合性项目分解成多个子项目或阶段性任务，这样做的好处是既能够让学生在完成每个子项目的过程中体验到成就感，提高他们的学习积极性，也能确保整个项目的进度得到有效的控制。每个子项目都是一个独立的任务单元，需要学生独立完成，但它们之间又是相互联系的，只有完成了所有的子项目，整个大项目才能被认为是完成了。在这个过程中，学生需要将所学的知识点、重点和难点有机地运用到各个子项目的完成过程中。通过这种方法，学生可以在实践中不断地学习和积累经验，提高他们解决问题和合作的能力。

例如，如果一个大型的综合项目被分解成了几个子项目，并且这个项目需要在 6 个课时内完成，那么如何合理地规划这 6 个课时就成了一个问题。如果只是简单地将整个项目的教学目标应用到每一节课上，会使教学安排显得过于笼统和抽象，缺乏具体性和明确性，使得每一节课的教学目标变得模糊不清，进而影响了整个教学过程的顺利进行，甚至导致项目教学的总目标无法实现。为了避免这种情况发生，教师需要在教学标准的基础上，根据教材内容、学校的教学时间安排，以及项目实例的选择，为每一节课设定具体、明确、可操作且可评估的教学目标。这样，学生就能够清晰地理解每一节课以及每个子项目之间的内在关系和逻辑，明确他们在每一节课中需要完成的具体任务，从而确保他们的学习方向是正确的，进而提高学习效率。这也能确保整个项目的顺利完成，实现项目教学的总目标。

（三）合理分配小组

在信息科技课程的项目式教学中，强调学生的自主探索和分工协作。

考虑到中小学生的实践能力和分析能力还处于发展阶段，自主探索可能会遇到一些挑战，因此，建议采用小组合作的方式进行项目学习，这样可以把个体的智慧集合起来，形成集体智慧。这种方法不仅能够提高学生的主体意识和协作能力，还有助于推动全体学生的共同进步。教师在实施项目式教学时，需要了解和尊重每个学生的个性和差异。在分组的过程中，教师应遵循科学性和人性化的原则，考虑学生的兴趣、特长、学习习惯等因素，让他们在团队合作中发挥自己的优势，提高学习效果。

例如，对于较复杂和具有挑战性的项目，教师在分组时可以将每组的人数控制在 4 ～ 6 人。这样的规模可以确保所有成员都有发言的机会，同时避免人数过少导致学生感到学习压力过大。教师应全面了解学生的学习水平，并遵循“取长补短、平均分配”的原则，把具有不同学习能力、性格和兴趣的学生安排在一起，从而提升他们的合作能力，同时帮助他们解决团队合作中可能出现的问题。在进行项目教学时，教师应根据学生的兴趣设计有趣而适度的问题，这既能满足学生的求知欲和好奇心，又能让他们在轻松的氛围中完成学习任务。在这个过程中，教师可以使用如漫画、音乐和影视资料等丰富的教学资源，激发学生的学习兴趣和欲望。总的来说，项目式教学在提升学生学习效果的同时，也在培养他们的团队协作精神和解决问题能力。

（四）注重与其他学科的融合

信息科技课程融合了物理学、数学、化学、生物学、心理学等多学科的科研成果，反映了当代的科技水平。实际生活中的问题通常错综复杂，很难依靠单一的学科知识来解决，这就需要将多个学科的知识整合在一个项目中，以体现知识的综合性和多样性。因此，信息科技教师在制定项目任务时，应以信息科技课程为基础，有机地整合其他学科的知识和技能。通过这种方式，不仅可以开阔学生的知识视野，还可以提高他们解决问题的能力，从而提高他们的综合素质。

例如，当教师在教授“搜索引擎”知识点时，可以设定一个以“制订旅行计划”为主题的项目。在这个项目中，学生需要利用搜索引擎查找多学科的信息，如语文中的阅读理解和写作技巧，数学中的预算和规划技巧，地理中的地理位置和地形知识，历史中的文化和历史背景知识等。之后，教师可将全班学生分为若干小组，小组内的每个成员都要完成一部分任务，如A负责搜集地理信息，B负责搜集历史信息，C负责搜集出行信息等，以确保项目完成的质量和时间。这样的教学方式不仅实现了信息科技课程的教学目标，使学生得以运用其他科目的知识和技巧，强化了不同学科知识的融合和应用，还培养了他们的创新思维能力和实际操作能力。

第四节　案例教学法

一、案例教学法的概念

案例教学法是一种富有挑战性与实践性、强调互动与讨论的教学方式，它通过实际情境和问题的讨论，引导学生主动参与，发展解决问题的能力。[①] 在案例教学中，教师的角色并不是传统意义上的知识传授者，而是设计者和引导者。案例本质上是一个教育上的难题或困境，它通常没有特定的解决方案或标准答案，主要目的在于鼓励学生用自己的方式解决问题，教师的任务是激发学生的主动性，引导他们发现和分析问题，然后寻找可能的解决策略。在此过程中，教师会引导学生通过小组合作或其他形式进行深入探讨，提升他们解决问题的能力。案例教学法不仅有助于提升学生的分析和批判性思维能力，还能提高学生的实践操作能

① 侯佐强.基于案例教学法的初中信息技术课堂教学策略：以“Excel具体案例”设计为例[J].试题与研究，2022（31）：1-3.

力和团队协作能力。这种教学方法让学生有机会在真实的情境中运用所学的理论知识，使得知识更加深入人心。同时，它也鼓励学生在探讨问题的过程中表达自己的观点，培养他们的交流和表达能力。

案例教学法的诞生可以追溯到20世纪20年代，它最早由美国哈佛商学院所倡导，主要通过使用商业管理的真实案例进行教学，这种教学方式有助于引导学生积极参与课堂讨论，并在实践中证明其有效性。然而，直到20世纪80年代，这种教学法才开始在教师教育领域得到重视。1986年，美国卡内基小组在其报告《准备就绪的国家：二十一世纪的教师》中，特别提出了案例教学法在教师培训课程中的重要价值，并将其视为一种极其有效的教学模式。在国内，案例教学法在20世纪90年代后期开始获得关注。总的来说，案例教学法的发展过程展示了其在教育实践中的价值，并逐渐在全球范围内得到认可和应用。

二、案例教学法的特点

案例教学法主要具有以下四个显著特点，如图4-4所示。

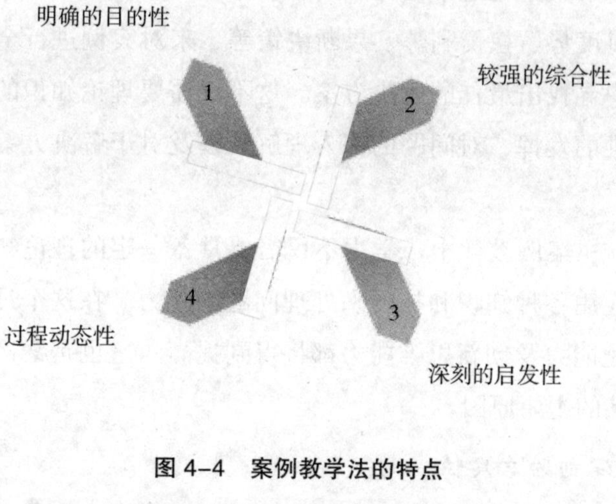

图4-4　案例教学法的特点

（一）明确的目的性

案例教学法中每个选取的案例都要有特定的学习目标，这些目标根据课程要求和学生的实际学习情况制定，案例的选择、应用，甚至讨论的方向，都要围绕这些目标展开。在案例教学中，学生被鼓励阅读、思考、分析和讨论独特而具有代表性的事件，这些事件可以是典型的商业案例、社会现象。通过对这些事件的探索，学生可以建立一套适应他们的完整而严密的逻辑思维方法，学习思考问题的新方式，从而提高学生分析和解决问题的能力。

（二）较强的综合性

案例教学法的综合性特点主要体现在两个方面：案例的丰富内涵和分析解决案例的复杂过程。相对于一般的例子，案例所涵盖的内容更加丰富，包括历史背景、社会环境、人物特性、行业规则、道德伦理等多方面因素。在这种情况下，学生不仅需要掌握基本理论知识，还需要对其他相关知识有一定的理解和掌握，由此才能全面理解并处理案例。案例的分析和解决过程通常也比较复杂，学生需要应用多方面的知识和技巧，如审时度势、权衡利弊、果断决策等，来对案例进行全面深入的分析，并从中寻找出最佳的解决方案。这不仅需要理论知识的运用，还需要创新思维的发挥，对问题的深入理解，以及对于解决方案的逻辑推理能力。

因此，在案例教学中，学生不仅需要具备一定的理论知识，还需要具有灵活应用各种知识和技巧来处理问题的能力。在这个过程中，学生的解决问题能力及创新思维能力都将得到提高。这也是案例教学法具有较强综合性的主要原因。

（三）深刻的启发性

案例教学法的启发性体现在其启发和鼓励学生自主思考、探索和独立解决问题上。这种教学方法不是给学生提供确定的答案，而是提供一个场景、一个问题，鼓励学生自我探索和独立思考。案例教学法挑战了传统的“教师传授、学生记忆”的教育模式。在案例教学过程中，教师并没有提供正确的答案或解决方案。在此过程中，教师的角色是引导者，引导学生去发现问题、理解问题，并尝试找到合理的解决策略。案例教学法注重培养学生独立思考和解决问题的能力。通过分析和解决真实世界的问题，学生不仅能够巩固所学的知识，还能够发展和提高自己的思维能力。案例教学法通过启发学生去思考、探索和解决问题，使学生从被动接受知识转为主动探索知识，从而实现深层次的学习。在这个过程中，学生不仅学到了知识，还建立了一套属于自己的分析和解决问题的思维方式，这对他们未来的学习和工作都有很大的帮助。

（四）过程动态性

案例教学法的过程动态性体现在它是一个充满互动和交流的过程上。其不仅包括教师与学生之间的互动，还包括学生与学生之间的互动。教师与学生之间的互动是案例教学法的重要组成部分。在案例教学过程中，教师不仅是知识的传授者，还是指导者和协调者，他们通过向学生提出问题，引导学生思考，激发学生的学习兴趣和思维活力。同时，教师也需要对学生的学习过程进行指导，帮助学生理解和掌握知识。学生与学生之间的互动是案例教学法的另一个重要组成部分。通过团队合作，学生可以共同讨论和分析案例，互相学习，互相帮助，这有助于提高他们的团队合作能力和交际能力。在这个过程中，学生不仅能够从他人的观点中获取新的知识和见解，还能够通过表达自己的观点来加深对知识的理解。

另外，案例教学法的过程动态性还体现在其教学过程的调整和改进上。在教学过程中，教师需要根据学生的学习情况和反馈，及时调整教学策略和方法，以适应学生的学习需求和进度，这种灵活性和适应性是传统的教学方法难以比拟的。

三、案例教学法在中小学信息科技教学中的应用步骤

（一）精选案例，阅读分析

精选案例和阅读分析是一个非常重要的环节，其质量直接影响着案例教学的效果，以下是其具体步骤。首先，选择与教学目标、课程内容相关的案例。这些案例需要包含足够的信息，能引导学生进行深入的思考和讨论。同时，案例的难度应适中，既不能太简单，以至于学生不感兴趣，也不能太复杂，以至于让学生感到困惑和沮丧。其次，阅读案例。教师需要对每个案例进行深入的阅读和分析，确保自己对案例的内容有深入的理解。同时，教师也需要为每个案例准备一系列的问题，以此引导学生阅读案例。最后，分析案例。在阅读案例的基础上，教师可以带领学生进行案例分析。教师可以向学生提出问题，让他们阐述自己对案例的理解，然后引导学生进行深入的讨论，让他们运用所学的理论知识来解释案例中的问题。

（二）抛出问题，小组讨论

这一阶段对于培养学生的批判性思维能力、解决问题能力和协作能力有着重要的作用，以下是其具体步骤。第一，抛出问题。一旦学生对案例有了基本的理解，教师就可以抛出问题。这些问题应能够引导学生深入思考案例，同时关联到课程的关键概念和理论。对于低年级学生，教师需要提供更具体的问题，如“这个案例中的主要问题是什么？”“你如何描述这个问题的性质？”。对于高年级学生，问题可以更加开放和抽象，如“你如何应用自己在课堂上学习的概念来理解这个案例？”“你能提出哪些可能的解决方案？”。第二，小组讨论。为了更好地发展学生的思维能力和协作能力，教师可以将全班学生分成若干小组，让他们一起讨论案例。在这个过程中，每个学生都应该有机会发言和参与决策。同时，教师也需要引导学生尊重他人的观点。

（三）适当引导，合作总结

在这个阶段，教师的主要职责是提供引导，帮助学生整合他们的想法，引导他们深入思考，以下是其具体步骤。第一，适当引导。教师需要使用开放性问题和指示性问题来引导学生进行思考，促进他们对案例的深度理解。例如，教师可以问："你们为什么选择这个解决方案？你们能找出这个解决方案的优点和缺点吗？"通过这种方式，教师可以帮助学生更深入地理解问题，还能全面地评价他们的解决方案。第二，合作总结。在小组讨论之后，教师可以邀请全班学生一起总结他们的讨论结果和解决方案。这个过程可以帮助学生整合他们的想法，加深他们对案例的理解。通过这种方式，学生可以对他人的观点和解决方案进行学习，从而开阔视野。

四、案例教学法在中小学信息科技教学中的应用举例

下面以小学信息技术课程"信息共享与病毒防治"这一单元的教学为例进行说明。

（一）课程主题

该案例的课程主题是"网络安全与病毒防治"案例教学。

（二）教学目标

了解网络病毒的传播方式以及对计算机系统的影响；理解信息共享在网络病毒防治中的重要性；掌握基本的网络安全知识，如病毒防治的方法和策略；培养学生的信息筛选、分析和应用能力，以及团队协作和解决问题能力。

（三）案例选取

以"2017年全球范围内暴发的WannaCry勒索病毒"为案例。

（四）教学步骤

1. 精选案例，阅读分析

让学生阅读并分析“WannaCry 勒索病毒”的相关资料，主要包括病毒的起源、传播方式、影响范围；各国如何进行信息共享；信息共享在病毒防治中的作用等。

2. 抛出问题，小组讨论

教师提出一些问题，如“在 WannaCry 病毒的防治过程中，信息共享发挥了怎样的作用？”“如果没有信息共享，该事件会产生什么后果？”“你们如何评价各国在病毒防治中的信息共享行为？”“你们会如何改进信息共享，以提高网络病毒的防治效果？”。然后，让学生进行小组讨论，每个小组提出自己的观点和解决方案。

3. 适当引导，合作总结

教师适时进行引导，让学生深化对问题的理解，扩展思考的深度和广度。然后，让每个小组向全班汇报讨论的结果，全班一起进行总结和反思。

（五）评价

教师评价学生的参与度、讨论质量、思考深度和解决方案的创新性，同时给予学生反馈，指出他们的优点和需要改进的地方。

（六）作业

让学生撰写一篇关于“网络安全与病毒防治”的心得体会，总结自己在案例教学中的学习经验和收获。

以上就是一个关于“网络安全与病毒防治”的案例教学设计，通过实际的案例，让学生了解并理解信息共享在网络病毒防治中的重要作用，同时提高学生的信息处理能力和协作能力。

第五节　游戏教学法

一、游戏教学法的概念

游戏教学法是一种将“游戏”和“教学”有机融合的教育方法，通过引入游戏的元素，转变学生对学习的态度。这种方法在活跃和热烈的氛围中，通过欢快的活动，尤其是具有竞争性的挑战，让学生在享受游戏乐趣的同时，更好地学到教材中的内容，甚至获取课外知识和技能，这就是游戏教学法的核心理念。在游戏教学法的运用中，它能够将理性的认知活动转变为充满情感色彩的信息技术活动。这种转变是由于游戏本身的吸引力，其能够更好地抓住学生的注意力，使他们更积极地参与到学习过程中。这种积极参与不仅能够提高学生对新知识的掌握程度，还能逐步提高他们对信息技术的学习热情和兴趣。

此外，游戏教学法不仅仅是一个让学生学习的工具，更是一个让学生从实用型人才向创造型人才转变的平台。[①] 在玩游戏的过程中，学生需要不断地思考和尝试，找出解决问题的方法，这不仅能够锻炼他们的解决问题能力，还能培养他们的创新思维能力。通过这种方式，让学生在享受游戏乐趣的同时，培养出富有创造力的思维模式，从而实现从实用型人才向创造型人才的转变。

二、游戏教学法的特点

（一）趣味性

趣味性是游戏教学法根本的特征，也是其区别于其他传统教学法的

---

① 翟艳芳．游戏教学法在小学信息技术教学中的应用[J]. 科幻画报，2022（6）：27-28.

关键所在。在游戏的环境中，学生可以抛开枯燥的书本，投身于充满乐趣和挑战的学习场景中，这种方式可以激发学生的学习兴趣，提高学生学习的积极性和主动性。因为游戏往往具有丰富多彩的情节和环节，引人入胜，让人置身其中，所以，学生在参与游戏的过程中，会被深深地吸引，愿意主动参与，积极思考。游戏中的竞争、奖励等元素，也能激发学生的积极性，驱使他们主动探索、积极思考，从而达到提高学习效果的目的。此外，趣味性也能够增强学生的学习动机，使他们愿意花更多的时间和精力在学习上。总的来说，趣味性是游戏教学法的核心特征，它能够吸引学生主动参与，激发学生的学习兴趣，提高学习效果，是游戏教学法取得良好教学效果的重要保证。

（二）创新性

游戏教学法之所以能够吸引学生，是因为其具有创新性。在游戏教学法中，传统的教学模式被打破，取而代之的是一种更加灵活、多元和开放的学习方式。学生在游戏教学中不再是被动接受知识，而是需要积极参与，动脑筋解决问题，甚至创造新的游戏规则。这种方式可以激发学生的创新思维，培养他们的解决问题能力和创新能力。同时，游戏本身的新颖性也能吸引学生的注意力，让他们愿意投入更多的时间和精力在学习上。此外，游戏教学法还允许教师根据学生的兴趣和需求，灵活设计游戏内容和形式，这种灵活性和创新性也使得游戏教学法更加符合当今教育的需要，能够更好地适应不断变化的教育环境。总之，创新性是游戏教学法的重要特点，它可以激发学生的学习兴趣，培养他们的创新能力，提高教学效果。

（三）参与性

游戏教学法的第三个特点是参与性。游戏教学法以学生为主体，鼓励他们积极参与到学习过程中去。学生在游戏教学中不仅仅是观察者或听众，更是参与者，他们需要积极参与到游戏中，通过解决游戏中的问题来理解和掌握新的知识。这种主动参与的学习方式能够使学生更深入地理解学习内容，提高自身的学习效率。游戏中的互动和合作也能增强学生的团队协作能力和沟通能力。此外，游戏教学法还能根据学生的需求和兴趣，提供个性化的学习路径，使学生能够在参与中发现自己的兴趣，发掘自己的潜能。总的来说，参与性是游戏教学法的一大特点，它鼓励学生积极参与学习，提高他们的学习效果，同时能够培养他们的团队协作能力和个性化学习能力。

（四）教育性

游戏教学法的第四个特点是教育性。尽管游戏教学法以游戏为形式，但其本质是教育活动，其核心目标是促进学生的学习和发展，这一点在游戏设计和实施过程中尤为重要。游戏设计不仅要考虑游戏的趣味性和引人入胜的元素，还要考虑如何将教学内容和学习目标融入游戏中。例如，游戏中的任务或挑战可以设计成需要运用某种知识或技能来解决的问题，从而促使学生在玩游戏的过程中学习和掌握这些知识和技能。此外，游戏教学法还有利于培养学生的各种素质和能力，如创新思维能力、团队合作能力、解决问题能力等。总之，教育性是游戏教学法的重要特点，它确保了游戏教学法不仅能提高学生的学习兴趣和参与度，还能有效促进学生的学习和全面发展。

三、游戏教学法在中小学信息科技教学中的应用优势

（一）有助于提高学生的思维能力

游戏教学法在中小学信息科技教学中具有显著的优势，其中之一就是能有效提高学生的思维能力。信息科技是一个涉及逻辑、编程、设计、系统分析等多方面思维的学科。通过游戏教学法，学生可以在参与游戏的过程中，自然而然地接触到各种思维模式和解决问题的策略。例如，在编程类游戏中，学生需要使用逻辑思维来设计算法；在解谜类游戏中，学生需要运用分析思维和创新思维去解决游戏中的难题。这样的学习过

程不仅吸引学生的注意力，还有助于提高他们的思维能力。同时，游戏中的反馈机制（得分、等级、奖励等）可以直接反映出学生的思维能力和解决问题的能力，从而激发学生进一步提升自己思维能力的动力。总的来说，游戏教学法通过提供富有挑战性的游戏任务和及时有效的反馈，有助于提高学生的思维能力，特别是在信息科技学科中。

（二）有助于构建新型师生关系

游戏教学法在中小学信息科技教学中的另一项优势是它有助于建立一种新型的师生关系。传统的教育模式往往把教师视为知识的传授者，学生则是被动的接受者。而游戏教学法改变了这种知识传授模式，在此过程中，教师扮演了设计者、引导者和协助者的角色，学生则成为游戏的主体，他们在游戏中通过实践、探索来获取知识和技能。①

游戏教学法将教师和学生的距离拉近，使他们共同参与到游戏中，一起解决问题，一起学习，一起进步，这种互动的学习环境增强了师生间的沟通，让教师更深入地了解学生的学习需要，更准确地指导学生。同时，也让学生感到被尊重和理解，增强了他们对学习的投入和积极性。教师在游戏教学中不再只是教导者，也可以是合作伙伴、观察者或者指导者，这样的角色转变使得教师和学生之间的关系更为平等，更具互动性，有助于构建积极的教学环境和新型的师生关系。

四、游戏教学法在中小学信息科技教学中的应用举例

下面将小学信息技术课程“认识智能机器人”这一单元的教学作为游戏教学法的应用实例进行说明。

（一）教学目标

学习到有关机器人的知识；提高学生的编程能力；培养学生的创新

① 黄海兰.小学信息技术教学中的游戏教学法[J].新课程教学（电子版），2021（22）：99-100.

思维能力和团队合作能力；让学生体验和实践信息科技的实际应用，提高学生的学习兴趣和积极性。

（二）教学过程

根据教学内容和学生特点，可以设计一个名为“机器人世界”的游戏。在这个游戏中，学生扮演机器人设计师的角色，他们的任务是设计一个能在模拟环境中自行导航、完成特定任务的智能机器人。

1. 游戏的介绍和目标设定阶段

在游戏开始之前，教师首先向学生介绍机器人的基本知识，如机器人的类型、用途、运作原理等，并简要介绍一些基本的机器人编程语言和概念。其次，教师详细介绍游戏的规则和目标，如学生需要设计一个能在模拟环境中自动避障、寻找目标等功能的机器人。

2. 游戏的设计和编程阶段

学生在教师的指导下，开始设计自己的机器人。在这个过程中，学生需要运用他们对机器人知识的理解，结合编程知识，创新思考，通过团队协作，解决问题。

3. 游戏的评价和反馈阶段

在游戏结束后，教师组织学生进行游戏的评价和反馈。学生可以展示自己的机器人，讲解他们的设计思路，分享他们在游戏中的体验和收获。教师也可给出评价和反馈，提出改进建议。

五、游戏教学法应用中可能遇到的问题及应避免出现的问题

（一）游戏教学法是教学方法之一

游戏教学法作为一种有效的教学手段，在引领学生进入知识世界、激发学生学习兴趣、提高学生学习效率等方面具有显著的优势，但它只是众多教学方法中的一种，而且其实施过程必须严谨，有章可循。特别是在信息科技课程中，教学的严肃性不能被忽视。游戏的趣味性可能让

学生沉迷于其中，忘记了学习的本质目标。因此，教师在运用游戏教学法的过程中，必须扮演好主导者的角色，积极监控游戏的进行，理性地分配游戏时间，根据课程要求适时启动或结束游戏，或是转为其他学习模式，不能让游戏的娱乐元素掩盖了课堂教学的严肃性。

（二）注重游戏教学法与其他教学法的整合

游戏教学法作为一种具有独特优势的教学方法，一种有效的使用方法是将其与其他教学方法相结合，尤其是与任务驱动法相结合。在游戏教学法中，学生可能会沉浸于游戏的乐趣中，忘记他们在游戏结束时究竟学到了什么。与任务驱动法相结合，则可以将通常带有压力感的“任务”巧妙地转化为学生兴趣浓厚的“自主游戏”，这样可以有效地弥补两种方法的不足。

（三）注重德育的渗透

游戏教学法之所以被称为教学法，是因为它在做游戏的同时还要实现教育目标。因此，在游戏教学中，德育的渗透尤为关键。教师需要充分挖掘和提炼游戏软件及游戏过程中的教育元素，用教育资源来渗透德育，这样才能实现在游戏中教学、在游戏中培育人才的目标。这种方式可以让学生在享受游戏乐趣的同时，不知不觉中完成学习任务，提高学习效果，实现真正的寓教于乐。

（四）注重学生自控能力的培养

游戏教学法作为一种结合教学与游戏的教育方式，最大的价值在于它能够将计算机游戏的吸引力用于教学之中，而不是将其变成孕育“网络成瘾”症状的温床。实际上，这种教学法可以转化为一种预防和矫正网络成瘾行为的工具，它的根本在于加强学生的自我控制能力。利用游戏教学法，可以监测学生对计算机游戏的兴趣和他们的自控水平，从而帮助学生提高自控能力。

不同年龄和性别的学生对游戏的偏好可能会有所不同。例如，高中生可能更喜欢策略类游戏，而初中生可能更倾向于 Flash 在线小游戏；男生可能偏爱对战类游戏，而女生可能更喜欢装扮类游戏。了解这些信息对于教师设计课堂游戏至关重要，因为它们可以提供很好的思路，帮助教师制作更符合学生兴趣的游戏课件，并选择适合教学的小游戏。

应用游戏教学法的目的并不是让学生沉浸在游戏中，而是通过游戏引导他们更好地学习。教师在课堂上使用这种教学方法，可以提高学生的学习兴趣，使他们在课堂上更专注，进一步提高学习效率。学生在游戏中获得快乐的同时，也能在游戏中掌握知识和技能，还可以改变过度依赖网络的习惯。总的来说，游戏教学法不仅能改善学生的学习习惯，还能为教师提供一种更轻松、更有效的课堂组织方式。

第五章　中小学信息科技教学中的新型教学模式

第一节　支架式教学模式

一、支架式教学模式的概念

支架式教学，也被称为“脚手架教学”，源自社会文化理论和建构主义学习理论，以学生为中心，强调教师在教学过程中的引导和支持作用，尤其强调激发学生的主动性、积极性和创新性。支架式教学的核心理念是“支架”，这个概念来自建筑学，就像建筑工人在建造高楼大厦时需要搭建脚手架来提供支撑和保护。在教育领域，教师就像脚手架，提供必要的支撑，帮助学生构建知识，同时确保学生在学习过程中不会陷入困境。

支架式教学有三个基本步骤：建模、提供指导和独立实践。在建模阶段，教师通过示范展示技能的实施过程。在提供指导阶段，教师通过指示、提问、回应和反馈等方式引导学生实践。在独立实践阶段，学生在教师的指导下独立完成任务，教师在此过程中逐渐减少支持，直到学生能够完全自主地完成任务。支架式教学模式充分尊重和利用学生的主观能动性，让学生在教师的引导和帮助下主动地进行学习，通过协作和对话等多元化学习方式，不断丰富自己的知识和发展自己的技能。此外，支架式教学模式还强调情境教学，让学生在实际情境中学习，使得学生能更好地理解和应用知识。

总的来说，支架式教学是一种强调学生主体性、教师引导性和实践性的教学模式，它以学生的学习需求为出发点，通过教师的支架式指导，帮助学生成功地建构知识、发展技能，提升自我学习能力，实现有效的学习。

二、支架式教学模式的优势

现代社会的发展使人才培养需求发生显著变化，而信息技术的广泛应用更是使教育方式和教学理念产生了新的变革。在这种背景下，学生不再只是知识的被动接受者，而应成为学习的主体，使其对知识的理解更加深入。这一变化要求教师不仅要传授给学生相关学科知识，更要注重培养学生的自主学习能力，使他们能顺利适应终身学习的需求。

支架式教学模式是建立在建构主义教学理论基础之上的有效教学模式，可以满足上述需求，它主张教师通过设计和搭建学习支架，帮助学生跨越他们的“最近发展区”，达到理想的学习状态。“最近发展区”是指学生在教师指导下能够完成的任务和他们自主完成的任务之间的差距。通过教师的适当支持和引导，学生能够完成本来自己无法完成的任务，这样就能够促进学生技能的发展。在传统的教学模式下，教师是课堂的中心，主导着教学的全过程，学生大多是被动地接收信息，这种教学模式忽视了学生的主体性。现代教学理念开始重视以学生为主体的教学模式，支架式教学模式就是其中的一种。在支架式教学中，教师不再仅仅是知识的传授者，而是转变成为课堂的组织者和学生学习的指导者。教师通过创设具有挑战性的教学情境，搭建学习支架，引导学生进行独立探索和思考，提供适时的反馈和帮助，使学生能够自我解决问题，从而达到学习的目标。

在信息科技课程中应用支架式教学，不仅能深化学生对学科知识的理解，而且有利于培养学生的自主学习能力、解决问题的能力和合作精神。教师以指导者的角色出现，帮助学生突破学习难题，同时在教学过程中注重激发学生的积极性和创新精神。在支架式教学中，学生的学习不再是孤立的，而是通过与同伴的合作交流进行的。在合作学习的过程中，学生可以通过共享知识和经验，促进思想的碰撞和思维的活跃，提高他们的交流和协作能力。这一过程不仅锻炼了学生的团队合作能力，还有利于培养他们的社会交际技巧。评价环节是支架式教学的重要组成部分，这一环节通过学生的自评、同伴的互评以及教师的评价，使得学生从多角度了解自己的优点和不足，进一步提升学习效果。这样的评价方式有利于学生养成自我反思的习惯，从而更好地进行自我改进和提高。

三、中小学信息科技课程中支架式教学模式的构建

（一）支架式教学模式的基本环节

支架式教学包括五个基本环节，分别为搭建支架、创设情境、独立探索、协作学习、教学效果评价，如图 5-1 所示。

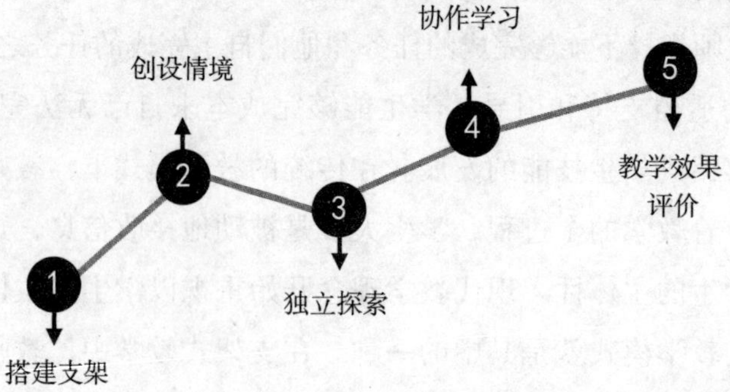

图 5-1　支架式教学模式的基本环节

1. 搭建支架

在支架式教学模式中，对学习支架的精心搭建尤为关键，这需要教师在实践中灵活地把握支架的建构方式和形式。因为学生的原有知识水平、认知风格和学习心理存在显著差异，因此针对这些特点搭建合适的学习支架，能帮助学生在“最近发展区”的理论指导下更有效地进行学习，并帮助他们跨越自身的“最近发展区”。

在中小学信息科技课堂上，教师应充分考虑学生的“最近发展区”、信息科技课程的特点、学生的认知方式以及个性心理等因素，灵活地搭建合适的支架类型。例如，对于某些学生，教师可能需要提供更多的问题支架，以引导他们自我探索和发现；对于另一些学生，教师可能需要提供更多的示例支架，以帮助他们更好地理解复杂的概念。此外，教师还应当激发和培养学生的学习兴趣。因为只有当学生对学习感兴趣时，他们才会主动去攀登搭建好的学习支架，从而实现对目标知识的构建。也就是说，激发学生的学习兴趣，可以帮助他们更好地利用搭建好的支架，更有效地进行学习。

2. 创设情境

建构主义学习理论强调学习环境应具备三大基本元素——情境创设、协商对话以及信息资源提供。其中，情境创设是一个至关重要的教学环节，它为学习者接触和掌握新知识提供了基础和平台。在支架式教学模式下，情境创设必须遵循“以学生为中心”的理念，围绕学生的“最近发展区”进行。这意味着教师应从学生的现有知识水平出发去设计教学情境，其不仅应贴近学生的实际生活，还要引发学生的认知冲突，激发他们对新知识的探索和学习兴趣。同时，情境创设也应尽量充分利用各种教育资源，为学生提供丰富多样的学习材料和工具。这既可以鼓励学生进行独立的思考和探索，也可以促进他们之间的合作和交流，从而提高他们的学习效率和效果。通过创设吸引人的学习情境，可以展现学科的内在魅力，使学生能更深入地理解学科知识。这对于激发学生的学习兴趣和动力，增强他们的学习满足感和成就感，都具有重要的作用。

支架式教学模式在实施过程中，主要采用创设问题情境和任务情境的方式来引导和推进学生的学习。在设计任务情境时，教师要注重创设那些能激发学生自我探索和协作学习的场景，以此培养和锻炼学生的思维能力和社会技能。以小学信息科技教学为例，考虑到小学生的学习风格和心理特点，教师可以设计丰富多样的学习情境。这些情境旨在帮助学生了解计算机相关的基本原理和概念，掌握计算机基本操作，以及培养他们的信息素养。小学生的注意力容易被分散，而且因为缺乏生活和实践经验，他们的认知水平较低，这就使得情境创设在小学信息科技教学中显得尤为重要。通过创设有趣而具有吸引力的情境，教师能更好地吸引小学生的注意力，引导他们深入学习，为之后的教学环节打下坚实的基础。

3. 独立探索

由于信息科技课程具有发展性、应用性、综合性以及内容的开放性等特点，因而对于学生来说，探索和发现的过程比直接得到答案或机械式地训练和模仿更有价值和意义。在现代教育理论视野下，教师不再仅仅是知识的传授者，而需要转变成为学生学习过程中的引导者和支持者，更需要致力于培养学生的学习能力和个性。因此，在教学过程中，教师要创造让学生有机会自我探索和思考的环境，引导他们自主地探索知识，运用智慧，并发展他们的思维和能力。教师应扮演好学生学习过程的引导者和支持者角色，以此为学生的独立思考和学习能力的培养提供有力的支持。

中小学阶段是孩子们形成各种习惯和能力的关键时期，他们思维活跃，对新事物充满好奇心，富有探索精神。因此，在信息科技学科的教学中，不仅需要培养学生对该学科的兴趣，更需要培养他们的自主探索和解决问题的能力。面对各种水平的学生，教师在教学过程中要尽可能地让学生自主学习，发挥他们的主体性。学生应该被鼓励去尝试，去体验探索带来的快乐，从而真正理解和掌握计算机的基本知识。同时，当学生遇到问题时，教师应给予适当的帮助，引导他们将学习和探索的过程转为思维创新的过程。例如，在四年级的“认识‘画图’新朋友”这个课程中，教师可以引导学生自主学习“铅笔”工具的使用方式，让他们试着用这个工具画画，然后用“橡皮”工具修改他们的作品；还可以鼓励学生探索画图窗口的其他功能，并应用于自己的创作中。这样，学生不仅可以体验到信息技术的神奇之处，体验到成功的喜悦，还能进一步提升他们的思维能力。

4. 协作学习

协作学习是学生以小组形式参与，为达到共同的学习目标，在一定的激励机制下最大化个人和他人习得成果而合作互助的一切相关行为。它是一种基于合作互助行为的学习方式，涵盖了学生与学生、教师与学生之间的互动。协作学习有四个基本要素：教师、协作小组、小组成员和协作学习的环境。教师在此过程中扮演引导者的角色，为学生提供明确的目标和必要的资源。协作小组是由具有共同目标的学生组成的，他们一起解决问题。小组成员是学习的参与者。最后，支持协作学习的环境是成功的关键，其包括物理环境，如教室布局，以及社会环境，如鼓励学生探索和讨论的学习文化。

在中小学信息科技课程的教学中，学生的基础水平和计算机知识掌握程度是多样化的。为了确保每一个学生都能得到充分的照顾，促进其全面发展，教师可采用协作学习模式进行教学。它有助于培养学生的合作精神、交流技能以及组织协调能力，从而在早期阶段就培养起他们的团队意识。在划分协作学习的小组时，应将小组人数控制在 2 ～ 4 人，这样有利于小组成员之间交流和合作。每个协作学习活动的设计，都需要教师进行深思熟虑，设计的活动不仅需要紧扣主题，还要考虑学生的年龄、心理和认知特性。为了保证活动的有效性，还需要平衡活动的难易程度。如果活动设计过于简单，学生可能会对其产生轻视心理，降低学习的积极性；如果活动设计过于复杂，学生可能会感到力不从心，无法调动学习的动力。因此，协作学习活动的设计难度应适中，以便适应大多数学生的能力水平。

协作学习作为教学模式的一种，对于提高学生的参与度，巩固和拓展已学知识具有重要的作用。该模式不仅需要与课程内容紧密相连，而且在学习活动进行中需要给予学生个性化的支持和指导，从而真正达到深度学习的效果。在中小学信息科技教学过程中，协作学习活动必须始终以学生为中心，目标是提升学生的自主学习能力、交流和协作能力，以及主动探索的能力。它能够帮助学生培养团队合作的意识，发展发散性思维，并让素质教育的核心理念真正贯彻到每一次的课堂教学中。例如，当学生学习制作“北京奥运游”的导游图时，教师可以将他们分成多个小组，通过小组协作学习，学生可以共同收集素材，商定布局，并最终完成作品。在这个过程中，不仅可以培养学生的协作能力，还有利于学生巩固所学知识。

5. 教学效果评价

在支架式教学中，主要采用形成性评估与总结性评估相结合的评估方法，强调对学生独立探索和协作学习过程进行形成性评估。评估内容主要集中在学生对学习内容的掌握程度以及对学习能力的发展水平上，不仅考查学生的知识掌握程度，还重视学生能力的发展和提升。在评估主体方面，教师是其重要组成部分，但评估主体不仅局限于教师，还包括同学、家长、学校管理人员，甚至学生自身。这种多元化的评估主体有利于从不同角度全面、客观地了解和评价学生的学习情况，为学生的发展提供有力支持。评估的主旨回归到“以学生为本”“一切为了学生的发展”的中心思想，既注重学生当前的发展，又着眼于学生未来的发展，真正做到因材施教，以适应个体差异。在中小学信息科技教学过程中，教师进行教学评估时，应结合教学目标、教学内容、学生学习环境以及学生的个体差异，设计适合课堂教学和学生学习的评估工具，并制定切实可行的评估标准。同时，也应将学生在学习过程中的参与度和协作态度等非认知因素纳入评估范围，形成全面的评估视角。

（二）不同形式的支架及其应用

在中小学信息科技教学中，常见的支架类型主要包括以下五种，如图 5-2 所示。

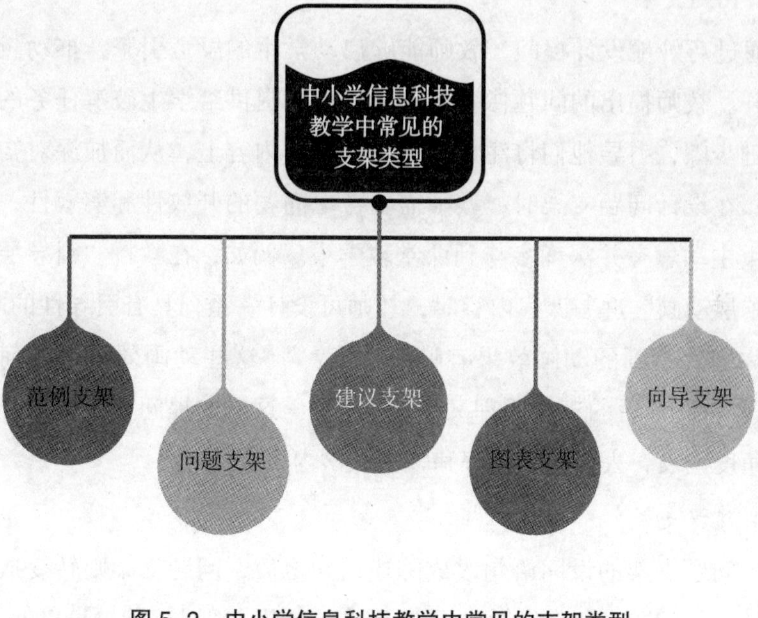

图 5-2　中小学信息科技教学中常见的支架类型

1. 范例支架

范例在教育教学中扮演着重要的角色，它是教师展示给学生的具有代表性和指导性的例子，能够帮助学生明确学习目标、熟悉教学内容，起到启发和示范作用。而当教学到达效果评价阶段时，展示学生的优秀作品或以问题作品作为范例，有助于让学生发现自身的问题、明确改进方向，从而促进其深度学习。

以高中信息技术课程“设计与制作主题网站”教学为例，教师在教学之初可以先向学生展示一些优秀的网站设计范例，这些范例可以涵盖多种风格和类型，让学生对网站的规划设计、版面布局、风格设计等方面有全面而具体的认识，这对于他们之后的学习和实践具有指导意义。通过观察和分析这些范例，学生对网站制作的整个流程和要点有了初步的了解，为之后的学习和操作提供了方向。

2. 问题支架

通过巧妙地设计提问，教师能够启动学生的思考引擎，推动教学顺利展开。教师提出的问题像一个引子，可以提供给学生破解任务的要点和关键步骤，引导他们将注意力聚焦在教学内容上，从而加深对知识的理解。在设计问题支架时，教师需要考虑问题的开放性和实效性，以激发学生主动思考并深度参与到课堂教学中。例如，在教授“引导层动画及遮罩层动画”这一课程内容时，教师可设计一系列具有引导性的问题，如“你们观察到的动画效果有哪些特点？”“这些动画效果是如何形成的？”“它们背后的工作原理又是什么？”。这样的提问方式可以让学生从多角度出发，去探索、理解和领会教学内容。

3. 建议支架

当问题支架的设问语句改成陈述语句之后，问题支架则转变成了建议支架。与问题支架启发学生思考不同，建议支架以一种更直接的方式，为学生提供了具体的建议，以解决他们面临的挑战。它在学生遇到难题或感到困惑时提供解决方案，消除学生的畏难情绪，引导他们继续深入探究和实践。例如，在讲授如何处理 Excel 表格数据时，教师可以向学生提出建议，指导他们在执行分类汇总操作之前，先对需要进行分类汇总的数据进行排序。这个建议可以帮助学生找到问题的关键，为解决问题提供了明确的方向。

4. 图表支架

图表支架以其形象、直观的特性，为信息的传达提供了更高效的方式，这在表格、流程图、概念图和思维导图等可视化工具的应用中表现得尤为突出。相比文字描述，图表更能清晰、有效地展现复杂的教学知识点，它们为学生的高阶思维活动，如评估、解释和分析等，提供了更有力的支持。此外，图表支架还能促使学生亲自动手，通过绘制图表来理解和掌握知识。例如，当教师讲解算法的三种基本结构时，可以采用流程图来展示，这样不仅可以让知识更直观易懂，还可鼓励学生通过绘制流程图来深化对知识的理解和记忆。

5. 向导支架

向导支架，又被称为操作指南支架，是一种将问题支架、建议支架等各类支架综合起来的学习工具。教师采用这种支架是为了引导学生解决学习中的问题并积极进行自主学习。在实际的教学过程中，教师通过观察学生、阐述相关知识、进行学生访谈等手段，可以有效地使用向导支架，对学生的学习起到指引和启示的作用。例如，在信息科技课程中，当学生学习如何处理和可视化 Excel 表格数据时，教师可以制作一份包含数据操作相关步骤和图表制作关键技巧的参考资料，以供学生参考。这份参考资料可以采用文字描述、操作图示等形式制作，以引导学生自行探索并完成数据处理和图表制作的任务。

（三）支架式教学模式的开展应遵循的原则

1. 动态性和渐退性原则

支架式教学是一个以学生发展为中心，且随着学生进步而逐步撤销教学支架的过程。这一过程的核心目标是协助学生跨越“最近发展区”，也就是那些学生在没有外部帮助下无法到达，但在一定指导下可以到达的知识和技能区域。学生是一个发展的个体，其知识水平和学习能力随着时间的推移和教学的进行会逐步提高。因此，教师在教学过程中为学生提供的支架应当是灵活的，能够根据学生的发展阶段、学习水平以及个性特点等因素进行调整。这种支架不仅能够帮助学生解决学习过程中的具体问题，还可以通过其存在和撤销，训练学生的自主学习能力。当学生在学习过程中遇到困难时，教师所提供的支架可以帮助他们克服难题，加深对知识的理解。当学生的学习开始变得顺利时，教师则应适时撤销部分或全部的支架，让学生独立思考和实践，以提升他们的自主学习能力。

2. 师生互动贯穿整个教学过程的原则

在教学过程中，教师的教和学生的学构成了一个紧密相连的系统，而在支架式教学中，这种联系变得更为突出。为了实现特定的教学目标，教师和学生需要建立有效的合作关系，而这个合作关系的维护，依赖于双向互动和及时反馈。首先，支架的搭建需要教师和学生共同参与。教师需要对学生的学习状况和个性特点有深入的了解，以便为其提供最合适的支架。同时，学生也需要主动向教师反馈自己在学习过程中遇到的问题和困难，让教师能更准确地提供帮助。其次，及时地反馈在支架式教学中扮演着关键的角色。教师需要对学生的学习成果进行评价，并及时反馈，让学生了解自己的作品完成情况和所取得的进步。同时，学生也可以向教师阐述他们的设计思路和完成作品的心路历程，增加师生之间的交流，以便教师帮助学生解决学习过程中的问题。最后，师生之间的互动将有助于推动他们共同进步。教师作为能力较强者，通过对学生的指导和评价，可以帮助学生更深入地理解知识。同时，学生通过向教师提问，以及对教师教学的反馈，也能促进教师自身教学能力的提升。在这个过程中，不同能力的个体进行对话时的心理活动，将有助于推动双方现有能力的发展和提升。

3. 尊重学生的主体性地位原则

相较于传统的教学模式，支架式教学模式最显著的特征在于它把学生置于主体位置，通过以学生为中心的方式进行教学活动。这种方法在每个环节都体现出学生的主体性，包括支架的搭建、情境的导入、学生的独立探索和协作学习以及最终的评价。在支架式教学中，学生的学习需求和情况是支架搭建的基础。教师应根据学生的特性和需求提供适当的学习支架，从而满足他们的学习需求。同时，教师也需要在学生遇到难题时给予相应的引导和建议，帮助他们理解和解决问题。学习情境的创设则是围绕学生的实际生活进行的，意在创设出对学生有吸引力的学习环境，从而激发他们的学习兴趣和动力。在独立探索阶段，学生需要发挥主观能动性，通过主动探索和尝试来理解和掌握知识。而在协作学习环节，学生通过与同伴的交流和互助，可以相互启发思维，共同进步。教师对学生学习成果的评价，有利于教师了解学生的学习情况。这一环节旨在促进学生反思自己的学习过程，调整自己的学习策略，从而更好地学习。

（四）支架式教学模式的具体构建

基于支架式教学的原则，考虑到学生在课堂教学中的主体地位，从支架式教学的五个环节出发，可以将支架式教学模式划分为三个阶段，分别为课前阶段、课中阶段、课后阶段，具体构建方法如下。

1. 课前阶段

在每一堂课开始之前，教师都需要进行细致全面的预备工作，其中重要的一部分就是前端分析。例如，对学生的学习目标进行深入的理解和分析，对学生自身及教学环境进行全面的审视和分析，等等。这样，教师就能了解到学生的“最近发展区”，也就是学生在一定指导下能够到达的区域，从而有助于教师更好地搭建适合学生发展的学习支架。

学习目标是教学活动的灵魂和核心，是指学生在经过一段时间的学习后，应该达到的知识理解水平、技能掌握程度以及思维能力的发展水平。显然，学习目标在整个教学过程中起着导向和引领的作用，就像一盏照亮前路的明灯，指引着学生走向成功的道路。在支架式教学中，学习目标可以看作学生的潜在发展水平，也就是说，学生在完成学习后应该达到的知识和技能的掌握程度。因此，教师在设定学习目标时，需要结合学生的个体差异和发展特点，设定合理且有挑战性的学习目标，激发学生的学习积极性和主动性，引导他们向着目标努力前进。

支架式教学模式高度重视学生在学习过程中的主体作用，认为学生学习的过程不仅是获取知识的过程，更是构建知识的过程，因此对学习者进行全面的分析是十分关键的。学习者分析包括学生的性格特征、能力水平、知识基础等，这些元素的分析有助于教师更好地了解学生的实际水平。这样可以帮助教师预见学生在后续学习过程中可能遇到的困难，从而为搭建适当的学习支架提供参考依据。通过了解学生现有的知识水平，教师可以了解学生的“最近发展区”，为接下来的教学活动奠定坚实的基础。

学生的学习环境是教师在教学活动设计中必须考虑的硬件设备方面的因素。学习环境的考量不仅涉及硬件设备，如电脑等，还包括学生的具体人数、教室形式，以及所使用的多媒体软件等因素。例如，目前的信息科技课堂主要分为普通教室和多媒体机房两种形式，不同的教室形式对应的教学活动也会有所不同。在普通教室中，教学活动可能更侧重于理论知识的讲解和讨论；而在多媒体机房中，教学活动可能更侧重于实践操作和技能的培训。因此，对学习环境的理解和分析，将有助于教师更好地设计和实施教学活动，以满足学生不同的学习需求，促进他们的全面发展。

2. 课中阶段

在支架式教学过程中，教师主要通过创设学习情境、设计学习活动以及进行学习效果评价三个步骤来实现教学目标。具体的学习支架的搭建和使用都是在课堂进行的，因此这个过程对于教师和学生来说都是至关重要的。

学习情境的创设是教学过程的开端，通常是通过提问、播放音视频、组织游戏活动等方式吸引学生的注意力，引导他们进入学习的状态。创设一个有效的学习情境能够为学生营造出积极的学习氛围，同时能够激发他们的学习兴趣和求知欲。好的情境引导不仅能让学生对即将展开的学习活动充满期待，更能使他们主动参与到学习过程中，为接下来的教学活动奠定坚实的基础。这一阶段的目标是引导学生自然地融入学习环境，理解并认同即将学习的内容，从而提高他们的学习效率和效果。同时，教师在创设情境时，也需要关注学生的反应和反馈，根据学生的需要和反馈及时调整教学策略，以确保情境的创设符合学生的学习需求，促进学生的全面发展。

支架式教学的关键环节之一是学习活动的设计，包括独立探索和协作学习两个阶段。在独立探索阶段，学生有机会通过自我驱动的学习活动培养他们的独立思考能力和解决问题的技巧。这个阶段鼓励学生积极地探索知识，而教师扮演着观察者和指导者的角色，他们会在学生之间进行巡视，针对学生在学习中遇到的问题提供个性化的学习支架。在协作学习阶段，学生则通过参与小组讨论、竞赛等活动，进行互动学习。在这个环节中，学生通过互相启发，学习他人的观点和解决问题的方法，从而锻炼自己的团队合作能力和交流技巧。这个阶段的学习不仅有助于培养学生的团队精神，还能让他们更深入地理解知识。

学习效果评价则是对整个教学过程的总结，旨在对学生的学习表现和完成的作品进行评估。教师在进行评价时，需要关注学生的学习过程和结果，除了对学生的学习成果进行评价外，还要注重对学生的学习态度，以及在小组活动中的表现等方面进行评价。这种评价既能提供对学生学习效果的反馈，也能对他们产生积极的激励作用，从而更好地促进他们的学习进步。

3. 课后阶段

课后阶段主要包括两个环节，分别为教师的教学反思和对教学设计的总结修改。

在教学反思阶段，教师可以回顾教学过程，挖掘可能存在的问题和不足，这个过程涉及对教学策略、方法、内容和学生反应的深入思考。这些反思可以帮助教师更好地了解学生的学习需求，改进教学方式。在对教学设计进行总结修改的阶段，教师基于对教学的反思，进行必要的修改和完善。这一过程可能涉及对教学计划、教学方法、评估策略等方面的调整，以更好地满足学生的学习需求和提高教学效果。

第二节 “5E”教学模式

一、“5E”教学模式的概念

“5E”教学模式是一个以学生为中心的教学过程，它以五个关键阶段为主线：吸引、探究、解释、迁移和评价。

吸引环节是“5E”教学模式的启动环节。在这个阶段，教师需要全面理解学生的现有经验和认知模式，以便创设出适宜的教学情境，如问题情境、任务情境等，创设这些情境的目的是激发学生的学习兴趣，引导他们主动投入教学活动。此外，教师可以通过提出触发学生认知冲突的问题，进一步刺激学生的学习主动性，引导他们深入探究与课程主题相关的内容。

探究环节是“5E”教学模式的中心环节。在这个阶段，学生需要根据教师设定的教学任务进行实际探究，依赖自身的知识和经验，亲自动手操作，积极建立新旧知识之间的联系。教师在此阶段主要扮演辅助者的角色，通过观察和指导，帮助学生更有效地进行探究。当学生遇到困难时，教师应提供必要的引导和帮助，以确保学生的学习效果和深度。

解释环节是“5E”教学模式的关键环节。在这个阶段，学生需要将其在探究阶段所获取的知识和发现进行展示，并指出在探究过程中遇到的问题。教师根据学生的探究结果进行总结，并在学生解释的基础上明确地介绍新的概念、技能或操作方法。此外，教师会发布新的学习任务，引导学生进入下一个学习阶段。

迁移环节被视为“5E”教学模式的“创新环节”。在这个阶段，学生被鼓励运用新掌握的知识去解决新的问题。这不仅验证了学生对新知识的掌握程度，还为学生提供了积累更多经验和技能的机会。在解决新问题的过程中，学生能进一步提升自己的创新能力。

评价环节是“5E”教学模式的最后一个环节。鉴于教学形式的多样化，评价方式也应多元化。在这个阶段，不仅教师可以对学生的学习进行评价，学生自身也可以进行自评。这样，教师和学生可以有效地进行教学总结和反思。

二、中小学信息科技“5E”教学模式的框架

中小学信息科技“5E”教学模式由五部分组成，分别是课前准备、课堂教学、教师活动、学生活动、课后总结，如图 5–3 所示。

（一）课前准备

1. 学生学情分析

教师在对学生的学情进行分析时，需要充分考虑中小学生的性格特征和学习能力差异，从而为他们提供有针对性的教学方案。

一方面，对中小学生性格特征的分析至关重要。在面对升学压力时，一些学生可能难以快速适应高效的学习模式，对学习相关的事项过于敏感，同时在家长的过度督促下，学生的情绪波动可能比较大。在这种情

况下，教师需要充分了解学生的心理特点，制定出行之有效的教学方案。通过对教学方法的精细化调整，教师不仅可以增强学生的自信心，还能在教学过程中培养他们的创新思维。

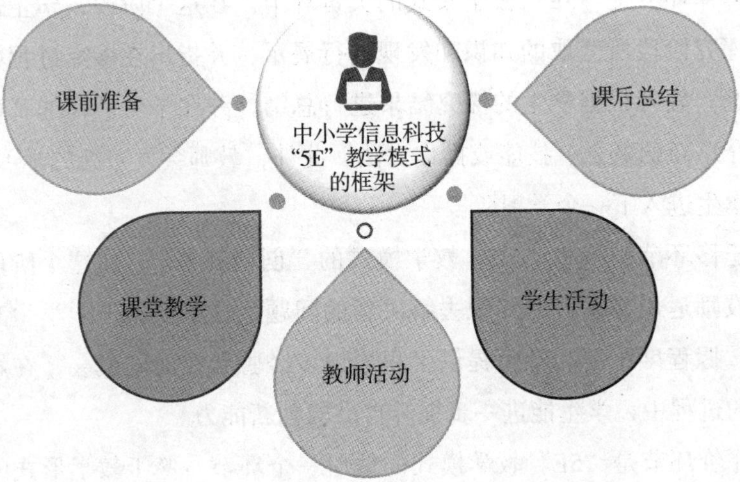

图 5-3　中小学信息科技"5E"教学模式的框架

另一方面，针对学生学习能力的差异进行分析也是不可忽视的一环。尽管中小学生已经具备独立思考的能力，能通过实践探究去分析和解决问题，但由于学生的学习能力存在差异，教师在划分小组时需注意异质性的搭配。例如，教师可以将性格和成绩各异的学生放在同一组，如让成绩优秀的学生解答小组成员在学习中遇到的难题，让组织能力强的学生负责维持纪律，让口头表达能力强的学生负责展示作品，让写作能力强的学生负责记录学习任务。这种方式不仅可以确保小组中的每个成员都有事可做，还可以让他们在小组中找到自己的价值和定位。

2. 教学方法选择

为了达成教学目标，教师需要根据学生的学习状况来选择最合适的教学方法。以中小学信息科技"5E"教学模式为例，这种模式以探究式教学为中心，最大化地激发学生的主动性。学生在小组合作的环境中，通过自己的力量逐步完成教师布置的任务，从而在不断的探索过程中培养自主学习、探究、创新和解决问题的能力。在此教学模式中，教师需要为学生提供充足的探究时间，让他们在深入探究的过程中充分理解、讨论和感悟各个知识点。同时，教师在小组合作的过程中也要适时给予学生信息援助，扩展他们的思考角度，为他们创造广阔的探究空间。这样的教学方式有助于取得最佳的教学效果，提升教育质量。

值得注意的是，信息科技是一门理论与实践相结合的学科，其教学内容包括理论知识的学习和实际操作的训练。因此，针对不同的教学内容，教师需要选择不同的教学方法，设置不同的教学活动任务。教师需要灵活运用多元化的教学手段，使学生在理论与实践的相互补充中得到全面的学习和提升。这样的教学方法设计，既满足了信息科技学科的教学特性，也有利于提高学生的学习效果和质量。

3. 教学内容分析

因为信息科技学科的很多知识并不具有唯一性，所以在使用中小学信息科技“5E”教学模式时，选择合适的教学内容是至关重要的。

以高中信息技术必修 1 教材《数据与计算》为例，第一章和第二章主要包含理论知识，但其中的单元挑战则具有强烈的实践性，这种内容在实际教学中能引发学生的学习兴趣，并帮助他们将所学知识与实际生活相结合，实现知识的迁移。而第三章虽然以前两章的内容为基础，但主要是操作性知识。这些知识需要以概念性知识作为基础，因此适合采用“5E”教学模式进行教学。在“5E”教学模式中，学生在探究环节深入探讨实际操作所需要的概念和原理，然后在迁移环节通过实际操作实现知识的灵活运用。这种教学模式的运用，既符合信息科技教材的特性，也有利于提升学生的学习效果。

4. 教学资源配置

教学资源是教学活动的核心组成部分，其有效的使用能营造出积极的教学氛围并提高教学质量。特别是在中小学信息科技教学中，教学资源的配置和使用至关重要。

通常，中小学信息科技教学活动在多媒体教室中进行。在这种环境下，保证每个学生都能使用一台电脑至关重要，这能确保每个学生在实际操作中都能充分参与。在教学准备阶段，教师应检查所有学生电脑上的教学软件是否能正常运行。如果某节课需要使用互联网，那么在教学开始之前，教师需要确认所有的学生都能顺利接入网络。由于信息科技是一门实践性较强的前沿学科，其教学资源主要以数字化形式存在，因此，教师在备课时应充分利用这些教学资源。例如，对于一些重要但细微的知识点，教师可以通过制作微课来组织教学，这能吸引学生的注意力，提高他们的学习兴趣，启发他们的思维，从而优化教学效果。总的来说，有效利用教学资源对于中小学信息科技教学来说是至关重要的。

5. 教学目标设定

在应用中小学信息科技“5E”教学模式时，教师在确定教学目标上需要依据课程标准，同时充分考虑学生的实际情况，并严格遵循教学内容，这样才能提高教学目标的针对性和准确性。首先，教师需要对中小学信息科技课程标准进行深入研读，特别是对于提升学生创新能力的相关要求，进而能对教材内容进行系统的梳理，明确知识体系。其次，教师需要考虑到学生的认知水平，选择贴近他们“最近发展区”的教学内容，以此推动他们的创新能力的培养。同时，也需要了解学生的兴趣和爱好，这样可以在教学过程中增加激发点，从而有助于实现教学目标。最后，在制定教学目标时，应遵循层次性原则、灵活性原则和可操作性原则，这样才能确保教学目标的明确性和具体性。总的来说，一个周全的教学目标应该以课程标准为基础，以学生为本，这样才能最大限度地提高教学质量和效率。

6. 教学过程设计

在教学过程设计中，教师应以中小学信息科技“5E”教学模式的基本流程为指南，将培养学生创新能力的目标贯彻在整个教学流程中。首先，对教师和学生的活动进行精细的规划和安排是必要的。教师活动的设计应以引导学生自主探索为主，使学生充分地利用其主观能动性。学生活动的设计应注重合作和交流，通过小组讨论、实践操作等方式提高学生的实践能力和创新能力。其次，应特别强调教学过程中的重难点。这样可以将学生的注意力聚焦在重难点上，从而加深对重难点的理解。最后，设计中也要预见到教学活动中可能出现的突发情况，并做出应对策略。例如，对于学生在探究过程中可能出现的问题，教师应提前做好准备，以保证教学过程的顺利进行。

（二）课堂教学

1. 吸引环节

在吸引环节，教师的主要任务是通过创设情境，激发学生的兴趣，引导他们深入思考。创设情境并非随意进行，它必须遵循学生的“最近发展区”原则。换句话说，情境的创设必须在学生当前的认知和经验的基础上，最大限度地推动学生的探究活动的展开。因此，教师在设计教学过程时，不仅需要充分考虑课程的要求，还需要考虑学生的学情、兴趣和发展需要。只有这样，才能真正地引发学生的学习兴趣，激发他们的主动性，促进他们创新能力的培养。

教师在中小学信息科技教学实践中，可以采用以下四个吸引策略。

（1）情境吸引。为了将信息科技与学生的日常生活经验联系起来，教师可以精心挑选相关的生活案例，并为之创设与教学目标相匹配的情境。这样，课堂教学任务就能与实际生活紧密相连，避免了知识抽象难以学习的困扰。

（2）问题吸引。教师可以依据教学目标和学生的学习情况，提出一些激发学生好奇心和学习兴趣的问题。这种问题设计能引导学生深入思考，进而激发他们主动学习的欲望。

（3）任务吸引。通过课堂教学目标制定合理的小组合作任务，促使学生在小组探究的过程中进行深度学习。这样的方式不仅提高了学生的学习主动性，还增强了他们的团队协作能力。

（4）现代教学资源的吸引。教师可以利用微课、短视频等多媒体手段，快速吸引学生的注意力，同时通过观察学生的反应来判断吸引策略的效果。在进行吸引环节时，教师需要注意教学时间，一般建议控制在3～5分钟。

2. 探究环节

在信息科技的学习过程中，学生会针对具体任务进行小组协作和探究活动。教师在实施这一教学环节时应在探究活动开始前对学生进行分组，每个小组通常由3～4名学生组成，并对每个小组的任务进行明确的分工。在探究过程中，教师的角色是引导者，帮助学生发掘和充分利用他们在知识获取和技能运用上的主观能动性。这一环节旨在让学生在观察现象、识别关系、总结规律和认识变量等活动中，自我提升独立学习能力、团队合作技巧以及探究力。

学生在进行探究任务时，教师需要关注学生在探究环节中的表现，倾听学生在活动中提出的问题，并注意自身的肢体语言和口头语言。教师的目标是在保持课堂氛围轻松愉快的同时，对学生进行及时和适度的指导和引导，激发学生的思维，培养学生的能力。同时，教师应跟踪学生的探究进度和深度，以了解他们在任务完成过程中的学习状况，以此为基础推动学生创新能力的培养和提高课堂教学效果。此外，学生在探究过程中需要完成学习任务单的填写，这是对他们探究过程的一种记录和自我反馈，有助于他们更好地了解自身的学习进展。一般而言，探究环节的时间应设定在 8 ～ 10 分钟，这样可以既确保学生有足够的时间进行深度探究，又可以保证教学的节奏和效率。

3. 解释环节

在信息科技教学过程中，解释环节的重要性不容忽视。这一环节要求学生运用自己的语言，对探究的结果进行解释，以此提升他们的语言组织和表达能力。教师通常将这一阶段的时间设定为 6 ～ 8 分钟，以保证学生有充足的时间进行解释和交流。在解释环节中，学生需要按照小组进行探究结果的展示，对他们在探究过程中的工作分工以及最终得出的结论进行解释。学生的解释旨在使其通过自我表达理解新知识，进一步巩固新知识点。

4. 迁移环节

在信息科技教学的迁移阶段，教师应将教学任务的难度适度提升，以便让学生将之前探究所得的新知识运用到更高层次的问题的解决中。这一环节的主要目的是培养学生的创新能力，并将新知识应用于实际问题中。

在设计升级任务时，教师需要细致地考虑学生的学习能力，确保任务的难度符合学生的实际水平。这样的任务设计有助于学生更好地巩固新知识，也可以通过挑战更高层次的问题来培养他们的创新能力。同时，学生也可以通过这个过程积累经验和提升技能。在迁移的过程中，如果有学生遇到困难，教师应及时鼓励和提供适当的帮助，让他们在遇到困难时也能保持积极的学习态度，从中学习如何应对挑战和解决问题。这样的辅导也可以让他们在未来面对更复杂的问题时具备解决问题的信心和能力。

5. 评价环节

评价环节是一个对学生学习成果进行全面检视的环节，它旨在通过多元化的评价方式，让教师和学生共同参与到这个过程中，以期提高学生的自我评价能力，培养他们的反思和总结能力。这个环节通常设定为 6 ～ 8 分钟，以确保教师和学生有充足的时间进行有效的评价。在评价环节，教师需根据评价依据来评估学生，评价的依据不仅包括学生的技术技能，还包括他们的团队合作等多方面的能力。这种评价方式可以帮助教师更全面地了解学生的学习成果，提供更全面和深入的反馈。

（三）教师活动

中小学信息科技“5E”教学模式在教学过程中为教师和学生设定了不同但相互呼应的角色。

在吸引环节，教师的主要职责是创设引人入胜的教学情境，唤起学生的好奇心并激发他们对新知识的探索欲望，包括策划丰富多样的教学活动，提出引人深思的问题，引导学生主动参与思考和讨论。

在探究环节，教师成为任务分配者和引导者。教师根据课前的准备，为学生设定具体的学习任务，同时观察学生的探究过程，适时给予指导和帮助，保证探究活动的有效进行。

在解释环节，教师成为解释者。他们需要解释新的知识点，并对学生的探究成果进行归纳总结和补充，使学生在探究的基础上理解和掌握新知识。

在迁移环节，教师成为监督者和引导者。他们需要根据学生之前探究的结果和表现，对教学任务进行适当的升级，从而进一步巩固学生已经学到的知识并提升他们的技能。教师在课前准备阶段就需要对可能出现的各种情况进行预设，以便在实际的教学过程中，根据学生的实际探究结果来选择最合适的升级任务。

在评价环节，教师成为评估者和反思者。他们需要对学生的自主学习能力、小组合作能力、小组探究能力以及作品的技术性、完整性、创新性和艺术性等各方面进行评估。通过这种全面评估，教师可以更好地了解学生的学习状态和进步情况。此外，教师还需要通过观察和分析学生的作品，反思本节课的教学效果，以便为未来的教学提供参考。

（四）学生活动

在中小学信息科技“5E”教学模式的五个环节中，学生需要满足不同的要求，以提升他们的学习效果。在吸引环节，学生需要产生对问题的兴趣，并对其进行思考。教师创设的教学情境应能够引发学生的好奇心，激发他们主动思考的欲望。在探究环节，学生被要求以小组形式进行合作探究，解决在学习过程中遇到的问题。在这一环节，学生应该学习利用小组合作来共同解决问题，这有利于提高他们解决问题的能力。对于一些较难的问题，学生可以向教师寻求帮助。在解释环节，学生需要完成任务，并展示他们的探究成果。在此过程中，学生小组可以选择语言表达能力较强的小组成员来展示他们的研究结果。通过观察其他小组的表现，学生可以找到自己小组的不足之处，并努力改正。此外，学生还需要完成学习任务单，以便更好地掌握所学知识。在迁移环节，学生应利用创新思维能力进行知识的转换和应用。这一环节强调学生的创新思维，鼓励他们联系生活实际，对完成的作品进行改进和创新。在完成任务后，学生需要将他们的作品和学习任务单上传到文件传输协议中，以便让教师查看和同学学习。在评价环节，学生需要对自己和其他同学的作品进行评价。这样有利于学生学习到新的知识和技能，同时找到自己作品的不足，进行修改和完善。

（五）课后总结

课后总结在中小学信息科技“5E”教学模式中占据了重要的地位，它涵盖了对学生课堂表现的评估、教学总结以及教师的反思等关键环节。不仅需要教师全方位和多元化地评估学生和教学效果，还要求教师对自己的教学实践进行深入的反思。

首先，教师需要全面评估学生的课堂表现，包括学生的听课状态、小组探究活动的参与度以及作品的完成质量等。全面的评估有助于教师准确掌握学生的学习状况，并发现学生在学习过程中存在的问题。其次，教师需要对教学进行总结，概括教学的主要内容，强化学生的记忆，使学生巩固新知识。这一环节包括对本节课学到的新知识的总结，对学生学习中出现的问题的解答，以及对下一节课需要学习的内容的预告等。最后，教师需要进行教学反思，这是提高教学质量的关键环节。教师可以通过反思自己的教学方法、手段和态度，发现教学中存在的问题，找出原因，及时调整教学策略，从而优化教学效果，提升教学水平。

三、中小学信息科技“5E”教学模式实施的原则

（一）启发性原则

启发性原则在教学设计中扮演着重要的角色，它强调学生在学习过程中的主体地位，倡导以问题引发学习，让学生在实践中掌握知识、提高能力。教师在遵循启发性原则的过程中，需要以学生为中心，针对教学内容，巧妙地设计出吸引学生注意力的问题和情境，这样的设计能够引发学生的思考，使他们积极投入课堂活动，从而取得理想的教学效果。与此同时，教师还需要在教学过程中构建和谐的师生关系，这是营造积极课堂气氛的关键。这种平等、民主的师生关系有利于学生自主学习，教师则通过给予适当的帮助，激发学生独立思考，促进他们的知识获取和能力发展。启发性原则鼓励教师在教学过程中充分运用启发式问题，激发学生的求知欲望，使其通过实践、动手操作，深入理解和掌握知识。这不仅让学生对知识有更深入的理解，还使他们通过解决问题，有效地完成教学任务。“5E”教学模式中的探究环节对这一原则的体现尤为明显，这一环节鼓励学生自主探究，通过解决问题来获取知识、提升能力，完美契合了启发性原则的内涵。总的来说，启发性原则对于提高学生的学习积极性，培养他们的创新精神和解决问题的能力有着至关重要的作用。

（二）灵活性原则

“5E”教学模式中的灵活性原则强调教学方法和策略需要根据教学情境和学生学情进行调整，以取得最佳的教学效果。此原则鼓励教师灵活运用“吸引”“探究”“解释”“迁移”“评价”这五个环节，不必拘泥于每一堂课都完整运用这些环节。

灵活性原则提供了一种以学生为中心的教学方式，它让教师根据实际情况选择运用一个或多个环节。例如，如果教师正在讲解一个特定概念，他们可能会重点运用“解释”和“迁移”环节，让学生通过知识迁移的过程来加深对概念的理解。灵活性原则也允许教师在一系列的课程中交叉或多次使用这些环节。以 Python 课程为例，教师可以选择在多个课程中交叉应用这五个环节，以取得最优的教学效果。在采用这种新的教学模式时，难免会遇到一些挑战。教师需要在课前充分考虑可能出现的情况，并能够灵活地应对教学过程中的各种突发情况。只有在充分理解并灵活应用“5E”教学模式的情况下，教师才能有效地提高教学效果，促进学生的学习进步。

第三节　翻转课堂教学模式

一、翻转课堂教学模式的内涵

翻转课堂教学模式是一种独特的教学策略，其核心理念是重新定义课堂内外学习的角色和活动，将传统的“课堂讲授＋课后作业”模式转为“课前自学＋课堂活动”。这种模式突出了学生的主体性，教师则从知识的传授者转变为学习的引导者和支持者。

在翻转课堂教学模式中，学生需要在课前自主学习相关知识，在此过程中，学生可以自由选择适合自己的学习方式和节奏。这种方式为学生提供了更自由、更个性化的学习体验，帮助他们构建起对知识的初步理解。课堂内的时间被用来进行深度学习，如进行问题讨论、小组合作、项目实践等。这种学习方式鼓励学生主动参与，培养他们的批判性思维、解决问题的能力，以及团队合作的精神。教师的角色在翻转课堂教学模式中也发生了重大变化。他们不再仅仅是知识的传授者，而是转变成为学生学习的引导者和支持者。教师在课堂上的主要任务是提供学习资源，引导学生的学习，以及帮助学生解决在学习过程中遇到的问题。

翻转课堂教学模式与混合式学习、探究性学习等教学方法有所重叠，它们都强调学生的主动性、自主性以及与他人的合作。这些新兴的教学模式利用了互联网技术，提供了更丰富的学习资源和更灵活的学习方式，使学生的学习更加自主、深入和高效。

二、翻转课堂教学模式的优势

翻转课堂把传统教学模式完全翻转过来，学生在课前通过网络自学，课堂时间用于讨论和实践。这种模式将自主学习和互动学习相结合，赋予学生更多的主动性，也让教师更加关注每个学生的特殊需求。翻转课堂教学模式的优势如图 5–4 所示。

（一）缩小学生之间的学习差距

翻转课堂教学模式具有明显的优势，其中最显著的优势是它有助于缩小学生之间的学习差距。这主要是由于翻转课堂教学模式对传统的教学流程进行了重新设计，使得学生可以在课前自主学习，而课堂时间用于深入讨论和实践，这种模式有利于适应不同学生的学习节奏和需求，从而缩小学习差距。

课前自主学习环节可以使学生有充足的时间去理解和消化新的知识。学生可以根据自己的理解能力选择合适的学习资源，如视频、电子书等，也可以按照自己的节奏进行学习，不必担心跟不上教师的授课节奏。对于学习能力较弱的学生，他们可以反复学习，对于某些难以理解的知识点，他们可以重复观看学习材料，从而确保自己能够理解和掌握。对于学习能力较强的学生，他们可以通过阅读更多的资料，了解更深入的内容，这样既不会浪费他们的学习能力，也可以增加他们的知识储备。

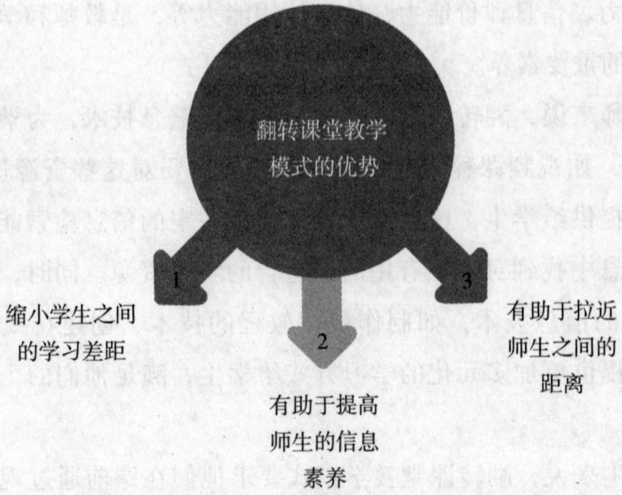

图 5–4　翻转课堂教学模式的优势

课堂上的深度学习和实践环节可以使学生有更多的机会参与到学习中来。在传统的教学模式中，学生大部分时间是在听教师讲课，而在翻转课堂教学模式中，学生在课堂上的主要任务是讨论和实践，这种模式可以让所有的学生都有机会参与到课堂活动中来。学生可以通过互动、讨论等方式深化对知识的理解，也可以通过项目实践提高自身的实践能力。这种模式对于学生来说是有利的，因为他们可以根据自己的需求参与到活动中来。

在翻转课堂教学模式中，教师的角色也发生了变化，他们从知识的传授者变成了学生学习的引导者和支持者。在这个过程中，教师可以更好地了解每一个学生的学习情况，可以对每一个学生进行个性化的指导，从而帮助他们改进学习方法，提高学习效率，这也有利于缩小学习差距。

（二）有助于提高师生的信息素养

翻转课堂教学模式是一个教与学相结合的模式，通过互联网技术的应用，它能有效地提高师生的信息素养。信息素养包括信息检索能力、信息分析能力、信息评价能力、信息使用能力等，是教师和学生在信息化时代必备的重要素养。

对于教师来说，翻转课堂要求其利用现代信息技术，为学生提供在线学习资源，如视频课程、电子教材。教师需要对这些资源进行筛选、整理，之后提供给学生，这就要求教师具备一定的信息检索能力，能够在海量的信息中找到对学生有用的、适合的学习资源。同时，教师也需要掌握一定的信息技术，如制作视频教程的技术、创建在线讨论平台的技术，以提供更加多元化的学习方式给学生，满足他们的个性化学习需求。

对于学生来说，翻转课堂教学模式要求他们在课前通过观看教师提供的学习资源进行自我学习。这就需要他们具备良好的信息检索能力，能够独立地找到自己需要的学习资源；具备信息分析能力，能够分析和理解自己获得的信息，发现其中的规律和联系；具备信息评价能力，能够辨别信息的真伪，评价信息的价值；具备信息使用能力，能够将自己获取的信息转化为自己的知识和技能。通过这种方式，学生的信息素养可以得到大幅度的提升。

（三）有助于拉近师生之间的距离

在翻转课堂教学模式中，师生间的关系发生了明显的转变。在传统的课堂教学中，教师处于主导地位，学生是被动的接受者。而在翻转课堂中，学生在课堂活动中起主体作用，教师则成为引导者和支持者。这一变化有助于拉近师生之间的距离，促进他们之间的沟通与交流。

翻转课堂要求学生在课前通过网络平台进行自学，然后在课堂上与教师和同学进行深入的交流和讨论。这种模式更注重学生的主动参与和学习过程的体验，使学生的学习更有主动性，从而提高学生的学习兴趣和动力。这种课堂氛围更加轻松和积极，也更有利于师生之间的交流和互动，有利于拉近他们的距离。

由于翻转课堂教学模式要求教师在课堂上更多地进行引导和辅助，而不是单纯的授课，这使得教师与学生的距离更近。教师不再仅仅是知识的传授者，而是转变成为学生学习的引导者和支持者，他们通过了解学生的学习需求，提供相应的帮助，这样的角色转变使得教师与学生的关系更为亲近。

翻转课堂教学模式通过网络平台提供的各种交互工具，如在线讨论区等，为师生提供了更多的沟通渠道。这些工具不仅有助于学生在课前进行自学，还有助于他们在课后及时与教师交流问题、提供反馈，使得师生间的交流更为频繁和直接。

三、中小学信息科技翻转课堂教学模式的构建策略

（一）建构支持系统

依托QQ、微信等通信工具，可以在便捷且低成本的环境中开展翻转课堂教学。在翻转课堂教学中，教师需要创建一个专用的班级群组并邀请学生参与。在这个过程中，如果有学生不熟悉相关的操作，教师应主动提供必要的技术支持和指导，以确保所有人都能顺利参与其中。成功创建群组后，教师需要详细介绍翻转课堂的相关要求和预期目标，以帮助学生明确学习目标并理解课程进度。此外，教师还需要提醒学生熟练掌握并使用这些在线工具，以便提高学习效率和获取更好的学习效果。

（二）教学视频制作

要实现高效的翻转课堂教学，选择易于操作且功能齐全的视频录制软件是关键。例如，EV录屏等较为常用的录屏软件。对于视频内容的设计，教师需要确保它与教学目标和教学内容紧密相连，同时内容应清晰简洁，突出主题，以便学生更好地理解。此外，视频的时间长度也是

教师需要考虑的重要因素。为了保持学生的注意力，视频的时间长度应控制在 5 ～ 15 分钟。过长的视频可能导致学生在学习过程中分心。对于视频的设计，教师要确保图像清晰、美观，音量适宜。如果选择使用双屏录制，需要确保学生既能看到讲解的视频，也能清楚地看到操作界面。这样，学生可以更直观地理解操作步骤和过程。在调整视频的容量时，需要注意保证视频的流畅度，并考虑学生下载、存储和观看的便利性。这样，学生就可以根据自己的需求选择在线观看或下载观看，也便于学生反复查看，以加深对知识的理解。

（三）创建学习资源包

进行翻转课堂教学，学习资源包的制作尤为关键。学习资源包是一个集成了学生课前需要学习的所有内容的工具。其中，学习任务单的设计应让学生清晰地了解他们的学习目标和任务。只有学生明确了学习任务，才能有效地利用时间，避免偏离学习的主要目标。学习任务单涵盖的内容非常广泛，这需要教师根据学生情况来精心设计。整体而言，学习资源包不仅需要提供学习的内容，还需要指导学生如何学习，这是开展翻转课堂教学的关键所在。

（四）建立管理机制

翻转课堂教学对学生的主动参与性和自觉性有很高的要求。因为部分中小学生自控力比较有限，所以教师需要对他们进行一定的引导和管理，以确保教学目标的实现。在此背景下，教师需要建立一套有效的管理机制，具体可以从以下两个方面入手。

1. 课前自学记录

首先，教师可以通过课前自学记录来了解学生的学习进度。例如，教师可以将学习资源包上传到班级群，这样就可以自动记录学生的下载和学习情况。如果发现有学生没有下载学习资源包，教师可以采取单独联络的方式，与学生进行交流，了解他们没有完成任务的原因。

2. 学生活动记录

学生活动记录是另一个重要的管理工具。通过记录学生的活动情况，教师可以更好地了解学生的学习状态，进行有效的学情分析。教师可以通过各种手段来追踪学生的交流情况，记录他们提出的问题，并根据他们的表现进行评价。

四、中小学信息科技翻转课堂教学模式的应用——以“算法的描述”课程为例

第一，课前学习阶段。教师需要提前录制一段5～10分钟的短视频，讲解算法描述的基本概念和常见算法。在短视频中，教师可设置生动的场景，然后以此详尽地解释“如何用自然语言描述算法？如何用流程图描述算法？”。以“农夫过河”的场景为例，教师可以在教学过程中提出各种引人入胜的问题，如“农夫应该如何安全地过河？”“你是如何想象这个场景的？”“应该如何用语言描述农夫过河的场景？”“农夫过河的安全方法有哪些？对应的算法是什么？”等。这些问题引发了学生的思考，使其主动探索“算法的描述”。事实上，这样的教学方法已经被证明是有效的，它引导学生在面对新知识时，通过主动探索和思考，构建自己的初步认知。完成视频录制后，教师应及时在课前将这些教学资源发给学生。

第二，课堂活动阶段。在此过程中，教师成为引导者和支持者，学生成为课堂学习主体。教师可以先通过提问的方式，引导学生分享他们在课前学习过程中遇到的问题。然后，教师可以结合这些问题，对算法的描述进行进一步的讲解，帮助学生理解和消化新知识。此外，教师还可以组织一些小组活动，如设计算法等，让学生通过实践来掌握和应用所学的知识。

第三，课后反馈阶段。学生需要根据课堂上的讨论，进行课后的反思和整理，将新知识融入自己的知识体系。教师需要对学生的学习情况

进行评价和反馈，如通过在线测试、作业批改等方式，了解学生的学习进度和掌握程度，为下一次教学做好准备。

通过这种模式，学生在课前就已经对算法描述有了初步的了解，而在课堂上，他们不再是被动的接受者，而是主动的参与者，他们可以通过提问、讨论和实践等方式，深化对新知识的理解，提高学习的效果。教师则可以通过这种模式，更好地关注每个学生的学习情况，调整教学方法和内容，以满足学生的个性化学习需求。

五、翻转课堂教学模式应用的注意事项

在实施翻转课堂教学时，有六个方面需要注意。第一，需要灵活地运用管理机制。中小学生的认知和心理特性在不断发展和变化，因此需要适当的外部约束来引导他们的学习行为。这意味着，有效地管理翻转课堂的运行至关重要。其主要包括定期检查学生的学习进度等。第二，评价方式需要多元化，不能仅仅依赖于终端评价。单一的、依赖于考试成绩的评价，难以全面衡量学生在翻转课堂中的表现和进步情况。翻转课堂的主要目标是提升学生的主动学习能力和解决问题能力，因此，教师需要采用多种评价方法，包括过程评价、同行评价和自我评价等。这些评价方法的结合可以帮助教师更全面地了解学生的学习情况，从而进行更有效的教学。第三，教师需要积极推动家校合作，以增进学生的学习效果。教师可以定期与家长沟通，了解学生在家中的学习情况，同时反馈学生在学校的表现，这样有助于家长更好地支持学生的学习，还有助于培养学生自主学习的习惯。第四，教师需要谨慎选择翻转课堂的教学内容。并非所有的课程都适合采用这种教学模式，所以教师需要根据教学目标和学生的学习需求，精挑细选教学内容。第五，教师可以尝试自己录制教学视频。这样的视频应基于对学生需求的深入了解，确保脚本、内容和呈现方式都能吸引学生的注意力，切合他们的学习需求。第六，学校应积极提供支持，创建适合学生学习的环境。因为每个学校的

情况和资源都有所不同，所以在实践中，教师需要了解自己学校的实际情况，以便在这个环境中实施翻转课堂，最大限度地促进学生的学习。

第四节　生活化教学模式

一、生活化教学模式的概念

生活化教学模式是一种以现实生活为背景，以学生为主体，把学习和生活结合起来的教学模式。它主张通过参与和体验，激发学生的学习兴趣，使他们在生活中学习，在学习中生活。生活化教学的特点主要体现在以下三个方面。首先，生活化教学强调从学生的实际生活出发，让学生通过参与、体验和操作，真实感受知识的用处。其次，生活化教学注重激发学生的学习兴趣和好奇心，使他们能够主动地、愉快地学习。最后，生活化教学关注学生全面发展，通过多元化的教学手段，培养学生的实践能力和创新思维能力。

生活化教学可以使学生更深入地理解和掌握知识，更好地将所学知识与实际生活结合起来。通过这种方式，学生可以体验到学习的乐趣，激发他们的学习兴趣和好奇心。同时，生活化教学也可以培养学生的实践能力和创新思维能力，使他们在学习中实现自我发展。

二、生活化教学模式的理论依据

（一）生活教育理论

当讨论生活化教学时，不得不提及陶行知，这位教育家是中国近代生活化教育思想的主要代表，他的生活教育理论受到西方教育家杜威（Dewey）的影响，主张将“生活”作为教育的核心，这主要体现在他的“生活即教育”“社会即学校”“教学做合一”三个原则上。其中，“生活即教育”强调的是，要将教育置于生活的中心，反对传统教育过于依赖书本而忽视生活的现象。他主张让学生通过参与社会实践和生活活动来学习，这种方法增强了教育理论的实用性。

基于陶行知的生活教育理论的指导，在进行中小学信息科技教学时，应该尝试构建一种生活化的教学模式，将生活经验和理论知识紧密结合。通过将学生的日常生活经验融入课堂教学中，让他们了解并掌握如何将所学的理论知识应用到实际生活中。这样的教学方式，不仅可以让学生更加直观地理解并掌握知识，还有助于他们发展解决实际问题的能力，从而实现陶行知先生所主张的“生活即教育”的教育理念。

（二）建构主义学习理论

建构主义学习理论源自瑞士心理学家皮亚杰（Piaget），他颠覆了传统的教育观念，提出了一种全新的学习理念。在建构主义的视角中，教学并不是教师向学生单向传授知识，学生被动吸收的过程，而是学生在教师的引导下，结合自身的生活经验，主动地构建和创新知识的过程。此外，建构主义也强调了学习、知识和技能的情境性，认为知识不能脱离具体的活动情境而孤立存在，它是在具体的、有情境的、感性的活动中呈现出来的，只有通过实际操作，学生才能真正理解并掌握知识。

基于建构主义学习理论，在进行中小学信息科技教学时，应当尝试采用生活化的教学模式。教师应当让理论知识与实际生活紧密结合，让学生通过实际操作活动，以他们可以接受和理解的方式，去理解和掌握知识。在这个过程中，教师可以设计一些具有实际意义的问题情境，引导学生去发现问题、思考问题、解决问题，这样既可以让学生了解和理解知识，又可以让他们形成自我探索和自我学习的能力。

三、生活化教学模式的具体表现

生活化教学模式主要表现在以下三个方面，如图 5-5 所示。

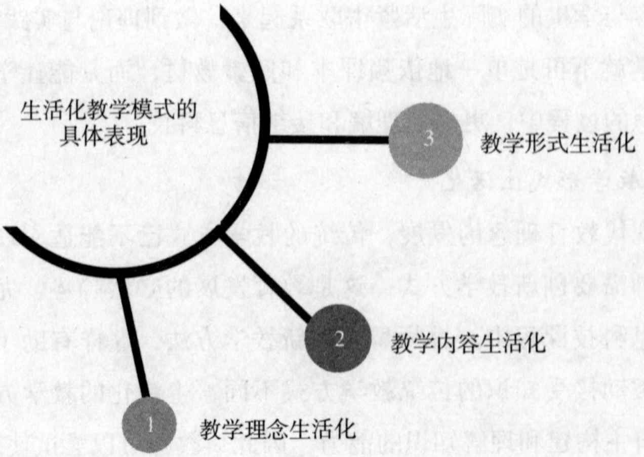

图 5-5　生活化教学模式的具体表现

（一）教学理念生活化

为了让教学活动更贴近学生的生活，中小学信息科技教师需要将信息科技知识引入社会实践中，实现“生活化”的教学目标。这种方式不仅使学生能够在生活中理解和掌握这些知识，还可以帮助他们将所学应用于现实，更好地处理生活中的问题，从而实现个人价值。在教学中，教师的主要任务并不是传授抽象、复杂的理论知识，而是培养学生的核心素养，使他们能够灵活运用所学知识来解决实际问题。

（二）教学内容生活化

教师在教学中要挖掘和利用丰富的生活素材，将学生的既有知识和经验与学生日常生活的各个层面——家庭、学校和社会建立紧密的联系。这样做可以引发学生的思考，让他们认识到信息科技并非遥不可及，而是与人们的生活密切相关。因此，教师在选择教学内容时，需要尽可能地贴近学生的生活实际。这样不仅可以拉近学生和信息科技之间的距离，还能激发他们的学习兴趣。教师在授课时，还要注重教学内容的丰富性，不能仅将教学内容局限于课本上的知识，而应把目光投向更宽广的生活，把教学内容与学生的实际生活紧密联系起来，做到理论与实践有机结合。这样，教学就不再是单一地依赖课本和照搬教材，而是能让学生在理解和应用知识的过程中，更好地理解和接纳信息科技。

（三）教学形式生活化

随着现代教育理念的发展，传统的教学方式已不能适应现代课堂的需求。教师需要创新教学方式，这是教育发展的必然趋势。尤其是在中小学的信息科技课程中，教师需要创新教学方法，这样有助于提高教学效果。与被动接受知识的传统教学方式不同，生活化的教学方法更注重培养学生自主构建和理解知识的能力。因此，教师可以尝试使用对话式、话题式、探究式、活动式、案例分析式和辨析式等多种教学形式进行教学。通过这些方式，学生可以在更接近他们生活实际的情境中，通过更为积极主动的方式学习信息科技知识，提高自我学习能力和思维技能，从而更好地适应信息社会的需求。

四、中小学信息科技教学应用生活化教学模式的方法

（一）结合生活经验

为了加深学生对信息科技课程中众多概念和词语的理解，教师可以巧妙地将学生的生活经验融入教学中。不过，需要注意的是，教师在引用生活经验时，应尽量选择更加贴近学生实际生活的例子，因为这样可以让学生更直观地理解这些概念。这种方式不仅丰富了课堂内容，而且有助于达成教学目标。此外，还可以鼓励学生自我表达，分享他们在日常生活中的观察和体验，这样可以让学生成为学习的主体，带给他们更丰富的学习体验。

例如，在小学信息技术课程“智能楼道灯——红外线传感器”的教学过程中，教师可以引导学生通过观察和讨论日常生活中的实例，来理解红外线传感器的原理和应用。教师可以先列举一些生活中运用到红外线传感器的场景，如自动门、智能家居等，并引导学生分享他们对红外

线传感器的认识和理解。然后，教师可以进一步引导学生思考楼道灯在人们经过时会自动开启的原因，从而引导他们了解红外线传感器在其中的作用。

（二）创设虚拟情境

在小学信息科技课程的教学过程中，除了充分利用学生的生活经验和课外实例来进行教学，还可以通过创建情境来引导学生进行学习。这些情境虽然可能是虚构的，但都是生活化的，有助于学生更好地理解和掌握知识。此外，学生可以将自己置于这些情境之中，思考如何使用学到的知识来解决问题。这种方式不仅可以激发学生的好奇心，还可以让他们在思考和解决问题的过程中，更好地理解和应用信息科技知识。

以“插入照片”这一课程为例，其教学目标是让学生掌握在 WPS 文档中插入图片并调整图片属性的技能。在这个课程中，教师可以设计一个“欢乐马戏团”的虚拟情境，让学生在学习了如何插入和调整图片后，将马戏团动物的图片放到合适的位置，并调整它们的大小。在这个过程中，学生不仅有机会实际操作和练习，还能在游戏化的环境中享受到学习的乐趣。最后，可以通过评选最美观的“马戏团”，进一步激发学生的学习积极性。

（三）增加实践操作

中小学的信息科技教育并非仅仅让学生了解并掌握一些基础的信息科技知识，而是希望他们能够熟练运用这些知识来解决生活中的问题，从而培养他们的信息素养，为他们未来的学习和生活打下坚实的基础。因此，教学目标应当围绕“如何让学生在实践中提高他们的信息技术应用能力”展开。例如，在“剪贴图形”这一课程中，要让学生掌握复制、粘贴、旋转和翻转等基本的图形操作技巧。完成学习后，教师可以设计一些实践练习，让学生自由发挥，将所学知识运用到实际操作中。例如，他们可以使用矩形、圆形、三角形等基本图形，通过剪切和粘贴，组成一些有趣的图案，如大风车、四叶草，甚至是自己设计的独特标识。这种方式的作业设计，让学生能够自由发挥自己的想象力和创造力，同时能让他们获得使用信息科技实现自己想法的成就感。在这个过程中，学生不仅提高了自己的信息技术应用能力，还可以增强他们的自信心，从而提升他们的综合素质。

第五节　微课教学模式

一、微课教学模式的内涵

微课是以视频为主要形式，记录并展示教师在课堂内外的教育教学活动。它的核心是围绕某一特定知识点或教学环节，呈现教师与学生的互动过程，这一过程通常包括讲解、示范、实践、讨论等环节。微课不是一个纯粹的课程录像，而是一种包含多元教学资源的集成体。微课的组成内容不仅包括课堂教学视频，还包括教学设计、课件素材、教学反思、练习测试、学生反馈和教师点评等元素。这些元素以一种结构化的方式组织在一起，共同构建了半结构化、主题式的资源单元应用环境。在该环境中，学生可以根据自己的学习进度和理解能力，选择合适的教学资源进行学习。

微课是对传统教学资源的一种创新和发展。它不再像传统的教学资源那样只是单一的课程视频、教案或课件，而是将这些资源进行有效的整合，以一种新的形式呈现给学生。它的提出和使用，反映了教育教学方法的现代化趋势。

微课教学是一种基于互联网技术的新型教学模式，它通过短视频、短音频或短文本等形式，针对某一特定知识点进行精细讲解，使学生能够快速掌握该知识点。这种教学模式具有时间灵活、内容精准、针对性强等特点，是一种非常有效的教学方式。

二、微课教学模式的特点

微课教学模式的特点主要包括以下四点，如图 5-6 所示。

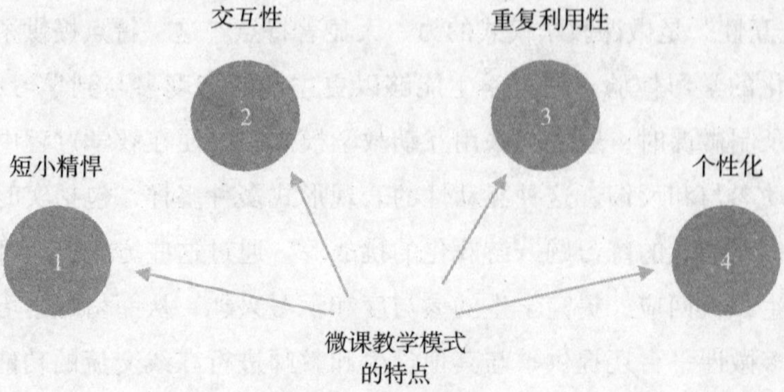

图 5-6　微课教学模式的特点

（一）短小精悍

“短小精悍”是微课教学模式的鲜明特点，这一特点不仅体现在微课的时长上，还体现在其内容的组织方式上。首先，相较于传统的课堂教学，微课的时长明显短小。它通常只讲解一个知识点，整个课程的时长通常在 5 ～ 10 分钟。这种短时高效的教学方式，能适应当今快节奏的生活环境和学生的学习习惯。它能够让学生在相对较短的时间内，获取和消化一个新的知识点，无须长时间地集中注意力，降低了学生的学习压力，提高了学习效率。其次，微课在内容上精悍紧凑，针对每一个知识点，微课都会进行深入、准确、生动的讲解和示例。每一堂微课都被设计为一个完整的学习单元，它不仅包括理论知识的讲解，还包括示例、练习和测试等环节，全面满足了学生对于知识学习的需求。

“短小精悍”的特点，使微课成为一种非常灵活的教学工具，它可以作为课堂教学的补充，也可以作为学生自主学习的主要资源。通过观看微课，学生可以在家庭、学校甚至路途中进行学习，随时随地掌握新知识，使学习变得更为自由和方便。

（二）交互性

“交互性”是微课教学模式的另一大显著特点。这一特点提供了一种更个性化的学习体验，使得学生能够以更主动的态度参与到学习中去。教师在录制微课时，通常会采用互动教学模式，以便在教学过程中引导学生主动参与和反馈。这种互动性的表现形式多种多样，包括实时的问题解答、互动式的练习题、游戏化的挑战等。通过这些方式，教师能够鼓励学生积极回应，提高学生的参与度和学习兴趣，从而增强学习的效果。许多微课平台还提供了与其他学生和教师进行在线交流的功能。学生可以在课程的评论区内提出问题，或者分享他们的想法和学习经验，这不仅能够提升学生的思考能力，还使得学习变得更为生动有趣。一些高级的微课平台甚至提供了个性化的学习建议和反馈，以帮助学生更好地理解和掌握知识。例如，平台会根据学生的学习进度和表现，提供有针对性的学习建议和提升策略，从而实现个性化教学。

（三）重复利用性

微课教学模式的重复利用性主要体现在以下四个方面。第一，微课教学内容可重复观看。与传统的线下教学相比，微课的一大优势就是学生可以根据自身的学习需求和节奏，反复观看教学视频以能够更好地理解和消化教学内容。这对于难度较高或者重要性较大的知识点来说，是极其有用的。学生可以反复回顾，通过重复的学习来加深对知识的理解和记忆。第二，微课的教学资源可重复使用。一旦微课的教学视频和相关教学资源制作完成，就可以长期存在，为后续的学习者提供持续的学习支持。这不仅可以节省教师反复讲授的时间和精力，还可以为学生提供一种稳定的、可随时查阅的学习资源。第三，微课可以进行深度整合和优化。教师可以根据学生的学习反馈和效果，对微课的内容进行迭代更新和优化，使之更好地适应学生的学习需求。第四，微课可以进行跨区域、跨学科的分享和交流。教师可以将自己的微课分享给更广大的学生和其他教师，与他们共享优质的教学资源和教学经验，从而提高教学的效率和质量。

（四）个性化

微课教学模式的个性化在以下三个方面得到体现。首先，在微课教学中，学生可以按照自己的学习进度和能力进行个性化学习。每个学生的学习进度和理解能力都是不同的，传统的教学模式往往难以适应每个学生的学习需求，而微课的灵活性使得学生可以按照自己的节奏和能力来学习，充分实现了个性化学习。学生可以根据自己的学习节奏来观看教学视频，通过精细化的学习，加深对知识点的理解。其次，在微课教学中，教师可以根据微课提供的多元化的教学资源，满足不同学生的学习需求。学生的学习兴趣、学习习惯以及学习能力等方面存在差异，而微课提供的多元化教学资源可以帮助教师满足不同学生的学习需求，提高教学的针对性和有效性。最后，在微课教学中，教师能够根据学生的反馈调整教学策略，实现教学的个性化。教师可以通过收集学生的学习反馈，了解学生的学习情况，根据学生的需求和反馈，及时调整教学策略，优化教学内容，进一步提高教学效果。

三、微课教学模式应用于中小学信息科技教学中的可行性分析

（一）学校方面

在当前教育环境下，微课教学模式已经被越来越多的教育机构接受并使用，其在中小学信息科技教学中的应用也得到了一定程度的可行性保证。在学校方面，学校领导对于教学方式的创新给予了大力支持。学校认识到教学方式的创新对于提升学生的学习兴趣、激发学生的学习潜力、提高教学效果具有重要的影响。因此，学校领导会定期安排教师参

加教学方式创新的培训，这不仅提高了教师的教学能力，还为微课教学模式的应用提供了技术支持。而且，很多学校已经具备了一定的硬件设施，都设有网络机房，并配备了电子白板等先进的教学设备，这些设施与设备为教学提供了重要的物质基础。学生可以在网络机房中观看微课，通过电子白板进行互动学习，这大大提升了学习的效率和效果。另外，学校的教学文化为微课的引入提供了良好的环境。很多学校倡导创新，注重提升学生的信息素养，这些都与微课教学模式的特性相契合。因此，微课教学模式在中小学信息科技教学中的应用，在学校层面上有着充分的可行性。

（二）教师方面

在小学信息科技教学中应用微课教学模式时，教师的态度和能力起着决定性的作用。具体来看，这一可行性主要体现在以下三个方面。

第一，大多数教师对微课教学模式持有积极肯定的态度。这是因为教师认识到微课的优势，如其可视性强、学生易于接受、能够激发学生的学习兴趣等。因此，只要时间、精力以及自身的技术能力允许，教师乐于尝试这种新的教学方式，去设计和开发所需要的微课资源。

第二，教师深信微课可以有效地提升学生的学习积极性，从而改善信息科技教学的效果。微课以生动、有趣的形式展示知识点，能够吸引学生的注意力，使学生更愿意主动学习。这种互动性的学习方式有利于提高学生对信息科技学科的兴趣，进一步提升他们的学习积极性。

第三，现代教师普遍具备一定的信息技术素养，有能力开发和运用微课资源。这种技术能力为微课的设计和应用提供了保证。教师可以根据教学内容和学生的学习情况，灵活地设计和调整微课内容，使微课教学更加贴近学生的学习实际。

（三）学生方面

在探讨微课教学模式在小学信息科技教学中的可行性分析时，学生的态度和需求是另一个必要的考量因素。微课教学作为一种新颖的教学方式，极大地吸引了学生的注意力。以视频为主要载体的微课形式，相比传统的文本教学，更能够吸引学生的注意力，使他们更愿意投入学习。微课中的动画、音乐、图片等多媒体元素都能引发学生的兴趣，让他们更好地投入信息科技的学习中。

学生也希望教师能够提供一些微课资源作为学习辅助工具。他们期待能够通过观看微课，对课堂知识有更深入、更直观的理解。这种期待反映出学生对微课的需求，说明微课有着很好的受众基础。学生对新型教学方式持开放的态度。他们乐于接受新的教学模式。这种积极的态度有利于微课教学模式在小学信息科技教学中的推广和应用。

四、微课教学模式的构建流程

（一）前期分析

1. 学习者分析

在教学过程中，理解学习者的特性和需求至关重要。学生是课堂的主角，而教师更像是一个指导者，引领学生在知识的海洋中探索和学习。因此，了解学生的个体差异，如年龄、认知发展水平，甚至性格和学习风格等，是优化教学效果的关键步骤。学生的年龄和认知发展水平将影响他们对知识的接收和处理能力。一个有效的教学方法应当考虑到这些因素，以适应学生的学习需要。此外，每个学生的性格和学习风格都是独一无二的。有的学生可能偏好独立思考，而有的学生可能更善于团队合作。对这些个体差异的理解，可以帮助教师选择最合适的教学策略，激发学生的学习热情，提高教学效果。

2. 教学目标分析

教学目标是指导微课教学过程的灯塔，它的主要目的是攻克教学中的关键问题和难题。只有明确了教学目标，教学活动才能有的放矢，行之有效。在布卢姆的教学目标分类理论的指导下，教学目标主要分为三个层面：知识和技能、过程和方法以及情感态度和价值观。教学目标不仅是微课教学的引导，更是评价教学效果的重要依据。只有清晰地定义教学目标，才能对教学过程进行有效的监控和评估，确保教学活动的有效性和高效性。

3. 教学内容分析

教学内容是微课的精髓。尽管微课以其“短小精悍”的特点受到赞誉，但并非所有的教学内容都适合制作成微课。各类教学知识点和教学环节对应着不同类型的微课，因此，对教学内容的分析至关重要。在制作微课之前，教师必须明确什么样的教学内容适合制作成微课，以及这些内容应该如何制作成特定类型的微课。这需要教师深入理解教学内容，根据微课的特性和教学目标来选择教学内容。对于制作微课，精心设计教学内容是关键。这意味着教师需要慎重考虑如何将教学内容浓缩成微课的形式，同时保持内容的深度和广度，满足学生的学习需求。在设计过程中，教师要注重教学内容的连贯性和逻辑性，使学生能够在有限的时间内理解和消化关键信息。

（二）微课的设计

1. 教案的设计

教案设计是微课制作的重要步骤，其中包括对教学内容的深入分析以及教学策略的巧妙设计。由于微课的特质要求教学内容语言精练，因此，微课的制作前期需要对教学内容进行细致的分析。教学策略的设计直接影响微课的质量。教学活动是否能够有效实施，关键在于是否能够选取适合学习者的教学策略。这样的策略既要能够对学习者进行个性分析，也需要具有趣味性，能够引发学生的学习兴趣，并适应他们的学习风格。在设计中小学信息科技微课时，教师需要慎重选择符合这些条件的有效的教学策略。这样的教学策略不仅能够帮助学生更好地理解和掌握教学内容，还能让学生在课堂教学中积极参与，进一步提升教学效果。

2. 学习任务单的设计

学习任务单是脚手架的主要形式，具有脚手架的功能。具体如表5–1 所示。

表 5–1　学习任务单的设计

制作方式	工　具	具体操作	优　点	缺　点
手写 + 录屏	手写板、画图软件、录屏软件、麦克风	①安装硬件工具，如麦克风、手写板； ②以手写方式讲解和演示不同类型的知识点； ③使用录屏软件同步进行录制； ④后期剪辑和修饰	在习题讲解方面占据一定优势	对书写要求较高
PPT+ 录屏	Power Point 软件、录屏软件、麦克风	①精心制作 PPT 课件； ②打开麦克风和录屏软件，一边讲解 PPT，一边进行录制； ③后期剪辑和修饰	快捷方便、适用性广	对录屏软件操作要求较高
软件演示 + 录屏	演示的软件、录屏软件、麦克风	①打开需要演示的软件和麦克风； ②一边讲解演示软件上的内容，一边进行录制； ③后期剪辑和修饰	对软件使用的操作步骤讲解较为清晰	对学习内容的适用范围不广
课堂实录	黑板、粉笔、摄像机、麦克风	①编写教案； ②用黑板进行教学，用摄像机拍下课堂教学全过程； ③后期剪辑和修饰	给学习者身临其境的上课感受	需要人力、物力、财力支持，不适用于所有学校
动画	动画制作软件、麦克风	①编写教案，设计动画脚本； ②动画制作并配音； ③后期剪辑和修饰	生动形象	动画细节的设计比较复杂

3. 脚本的设计

脚本设计在微课制作中起着至关重要的作用，它为微课的制作提供了直接且详尽的指南。脚本以文本形式精确地呈现出微课视频的具体信息、画面效果，以及每一帧所要展示的内容。可以说，脚本是对整个教学过程更深层次、更详细的解析和呈现。在脚本设计过程中，主要考虑四个方面的设计要素，即编号、微课界面、配音和时长。具体如表 5–2 所示。

表 5–2 脚本设计

编 号	微课界面	配 音	时 长

（三）微课的应用

微课作为一种独特的教学资源，其应用方式丰富多样，并且可以适应不同的教学环境和需求。微课制作完成后，教师可将其应用到实际的教学过程中，以取得最佳的教学效果。微课可以在课堂教学中使用。作为一种新颖的教学工具，微课可以帮助教师突破教学难点，使复杂的教学内容变得易于理解。通过微课，教师可以从新颖的视角解读教学内容，从而提升学生的学习兴趣。微课也可以作为课前预习材料。学生可以在课前观看微课，以便预先了解教学内容。这样可以让学生对即将学习的知识有初步的理解，从而在课堂上更有针对性地提问和讨论。微课还可以在课程结束后作为知识回顾和总结的工具。学生可以反复观看微课，复习和巩固所学知识，也可以根据微课进行自我评估和提升。

（四）微课的评价

微课的评估涵盖了其设计制作过程以及教学效果两个主要方面。这两个方面的评估是并行且相互影响的，而且都是为了确保微课的教学效果和质量。对于微课的设计制作评估，应贯穿在微课制作的整个过程中。例如，检查教师的讲解是否清晰明了，视频画面布局是否合理，视频质量如何等。此外，还需要评估学生在观看微课时的注意力集中程度。教师可以通过直接观察和提问等方式了解这些情况。这样的评估方式将有助于教师在微课设计和制作过程中进行实时的调整和改善。对于微课的教学效果评估，可以在微课应用结束后进行。通常通过问卷调查的方式进行，让学生填写相关问卷，以了解微课的教学效果。这样的反馈机制可以帮助教师了解学生对微课的接受程度，以及微课的教学效果。

五、中小学信息科技微课教学模式的应用——以“绘制图形”课程为例

（一）教学目标

理解计算机图形的基本概念，掌握绘图的基本技巧和工具的使用方法，能够独立完成基本的计算机图形的绘制。

（二）重难点

在“绘制图形”这一主题中，重点在于理解计算机图形的基本概念、掌握图形绘制工具的使用方法；难点在于将理论知识应用于实际操作中，如利用所学知识独立绘制出基本的计算机图形。在微课教学中，教师应特别关注这些重难点内容。

（三）教学流程

首先，微课应始于简明扼要的介绍，阐述计算机图形的基本概念，如像素、矢量图形、位图等基础知识。在微课教学中，教师可通过配合相关的图片或动画来使学生更直观地理解这些概念。

其次，微课将展示图形绘制工具的使用方法。此时，教学的重点应该是演示并详细解释各种工具的功能和使用方式，如图形编辑器的功能和使用方法。这个阶段可以采用动画或实际操作的录像，使学生看到每个步骤的具体操作。为了使学生更好地理解和记忆，教师可以在介绍每个工具时给出实际的使用场景。

再次，微课引导学生自行进行实际操作。这是一个重要的步骤，因

为通过亲手操作，学生能够将理论知识和实际技能联系起来。在这个过程中，微课可以设置任务或挑战，要求学生使用刚刚学到的工具完成特定的图形绘制。在这个过程中，微课应提供明确的步骤提示和引导，让学生在完成任务的同时，逐步掌握新的技能，并理解这些技能背后的原理。

最后，为了进一步提高学生的学习参与度，微课可以设置一些互动环节。例如，微课可以设置在线提问与回答环节，让学生在学习过程中随时提问，教师或者其他学生可以在线解答；或者设置一些讨论题目，让学生进行在线讨论，分享他们的想法和经验。这种互动环节可以激发学生的学习兴趣，提高他们的学习积极性。

（四）作业

通过布置作业，使学生进一步巩固和应用所学知识。作业可以设计成项目式的任务，如让学生利用所学知识绘制出具有一定复杂度的图形，或者设计一款小程序等。在完成作业的过程中，学生可以将所学知识和技能进行实践应用，加深理解和记忆，也可以发现和解决实践中遇到的问题。

第六章　中小学信息科技教学评价

第一节　中小学信息科技教学评价的原则及依据

一、中小学信息科技教学评价的原则

信息科技作为一门年轻的、发展迅速的学科，目前还未形成统一且权威的教学评价标准。为满足新课程的需求，设计一套能引导并激励课堂教学的信息科技教学评价体系显得尤为紧迫且十分重要。这种评价体系应能反映课程的特点，同时对教学过程产生积极的影响，推动课堂教学质量的提升。中小学信息科技教学评价的原则主要包括以下五点，如图 6–1 所示。

（一）发展性原则

发展性原则强调评价应服务于学生的个人发展，帮助他们在信息科技知识的获取和应用中保持理想的状态。教育的本质目标是促进学生的全面发展。在信息科技教学中，评价机制应与此目标紧密相连。在中小学时期，学生的信息技术能力正处于发展阶段，因此，教师在评价时不仅应关注他们的当前水平，更应关注他们的潜在能力和发展潜力。此外，教师不能将评价仅仅看作对学生学习结果的判断。

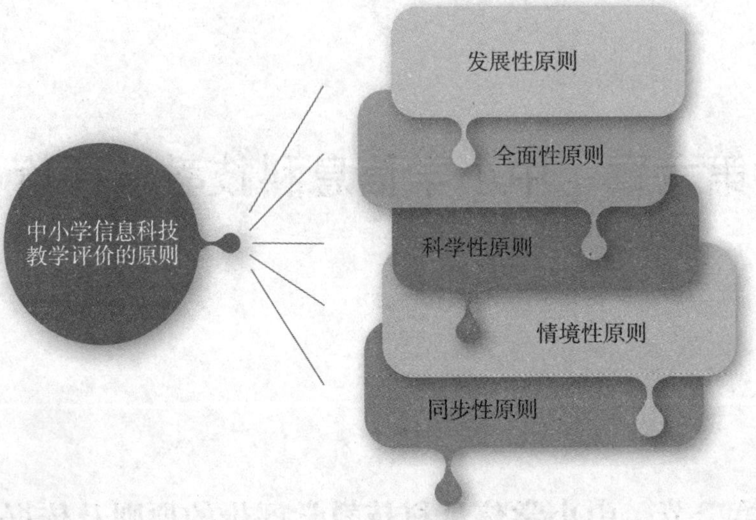

图 6-1　中小学信息科技教学评价的原则

在实施评价时，教师应注意到每个学生的发展性特征，了解每个学生的个性和发展需求，倾听每位学生内心深处的声音。同时，教师也应关注学生的进步，通过比较学生的前后学习情况来判断他们是否进步，而不是仅仅比较学生与学生之间的成绩高低。发展性评价需要注重培养学生的自我评价能力。学生应该学会自我评价，明确自己在学习过程中的优点和需要改进的地方，以此作为自我提升的动力。教师应为学生提供反馈，帮助他们了解其优点和不足。此外，教师还应该鼓励学生互相评价，借此机会提高他们的评价能力。

（二）全面性原则

霍华德·加德纳（Howard Gardner）的多元智能理论提出，人的智力不仅仅局限于一个维度，而是包含了至少七个维度。[①] 这一理论对传统的应试评价方式提出了挑战，认为其过于单一，不能全面地评价学习者。

① 加德纳．智能的结构[M]．沈致隆，译．北京：中国纺织出版社有限公司，2022：3.

对学习者的评价不应局限于对知识的测评，还应该考查学习者的综合素质。在中小学的信息科技教学中，学生的自主性、创造力得到了充分的体现。学生可以自主选择教师提供的学习资源，自主决定学习节奏。因此，评价学生的标准不能局限于他们掌握的知识，还应该评价他们的自主探究和协同学习能力等。同时，评价应以具体的学习内容为基础，考虑到各种学习因素，以此建立一个多维度的评价模型，对学生进行全面的评价。这种评价方式能够更好地反映学生的学习情况，为他们的发展提供有利的引导和反馈。

（三）科学性原则

科学性原则强调教学评价应当基于科学的理论和方法，保证评价的客观性、准确性和公正性。以下是对科学性原则的详细论述。

科学性原则要求教学评价基于科学的理论。其要求教师理解并应用相关的教育心理学和教育评价理论。例如，教育心理学的认知发展理论可以帮助教师了解学生的认知水平和发展阶段，从而设计适合学生水平的评价任务。教育评价的多元评价理论引导教师使用多元的评价方法，全面准确地评价学生的能力。通过理解和应用这些理论，教师可以设计出科学有效的评价活动，提高评价的效度。

科学性原则要求教学评价使用科学的方法。其要求教师选择经过验证的评价方法，以保证可靠性和有效性。例如，教师可以使用选择题和填空题来测量学生的知识掌握程度。这些评价方法应当根据学习目标和情境选择，保证其适用性。此外，教师还应该使用科学的统计方法来分析评价结果，从而得出有效的结论。

科学性原则要求教学评价具有客观性。其要求教师减少个人偏见，以公正和公平的态度对待每一个学生。例如，教师可以使用标准化的评价工具和明确的评价标准，避免个人主观判断的干扰。此外，教师还应该充分了解每一个学生的学习情况，避免因为个人偏见或误解而对学生的评价产生偏差。评价结果应当反映学生的真实水平，而不是教师的主观感受或期望。

（四）情境性原则

情境性原则强调教学评价应该发生在真实的、富有情境的环境中，以体现学生的实际技能和能力。

情境性原则要求教学评价在真实的情境中进行。信息科技是一门实践性强、应用性广的学科，强调在实际环境中解决实际问题。因此，教学评价应在真实的情境中进行，让学生有机会运用所学的知识和技能。例如，教师可以设计一些实践项目，如创建一个网站、开发一个应用程序或解决一个实际的技术问题，让学生在项目中运用信息科技知识，然后根据项目完成情况和解决问题的效果来评价学生的能力。这样的评价不仅能更准确地反映学生的实际能力，还能激发学生的学习兴趣和动机，提高学生的学习效果。

情境性原则要求教学评价考虑学生的学习环境和背景。学生的学习受到多种因素的影响，如家庭环境、社区环境、文化背景等。教学评价应该了解并考虑这些因素，以确保评价的公正性和准确性。例如，教师可以通过家访、发放调查问卷或与学生和家长的交谈来了解学生的学习环境和背景，然后在评价中考虑这些因素。这样的评价不仅能更准确地评价学生的能力，还能使教师更好地了解学生的学习需要，从而提供更有效的学习支持。

情境性原则强调教学评价应随着情境的变化而变化。学生的学习是一个动态的过程，学习的进步和需要都可能随着时间和情境的变化而变化。因此，教学评价也应该是动态的，随着学生的学习进步和发展阶段进行调整，根据学生的学习风格和特点选择评价方法和工具。例如，教师可以定期更新评价内容和标准，定期更换评价方法和工具，提供及时的反馈，帮助学生了解自己的学习进度和问题，促进学生的学习进步和发展。

（五）同步性原则

同步性原则强调教学评价应与学生的学习过程同步进行，及时反馈，指导学习，促进学生的学习进步。

同步性原则要求教学评价与学生的学习过程同步。信息科技是一门与时俱进的学科，它的内容随着科技的发展而不断更新，因此学生的学习是一个持续、动态的过程。在这个过程中，教学评价应与学生的学习步伐保持一致，根据学生的学习进度和节奏进行。评价不仅要考查学生的学习成果，更要关注学生的学习过程，及时了解学生的学习需要，提供反馈，指导学习。例如，教师可以通过日常观察、随堂测试、课后反馈等方式，持续跟踪学生的学习过程，及时调整教学策略，帮助学生改进学习方法，提高学习效果。

同步性原则要求教学评价的内容与学生的学习内容同步。评价内容应针对学生当前正在学习的知识和技能，及时反映学生的学习进度和掌握程度。这样，学生可以通过评价了解自己在哪些方面做得好，哪些方面需要改进，明确学习目标，制订和调整学习计划。例如，如果学生正在学习如何设计网页，那么教师就应该评价学生的网页设计能力，通过对学生作品的评价，让学生了解自己的优点和不足，提升学习动力。

同步性原则要求教学评价的方法与学生的学习方法同步。评价方法应适应学生的学习方式，这样可以有效地评价学生的学习成果。例如，如果学生通过项目学习，教师可以通过评价项目的完成情况来评价学生的学习效果。如果学生通过合作学习，教师可以通过观察学生在团队中的表现来评价学生的合作能力和责任感。

教学评价的反馈必须与学生的学习反馈同步。学生的学习是一个持续性的过程，对此的评价反馈也应及时进行，以便学生对自身的学习有清晰的认识，及时调整学习策略和进度，从而提升学习效率。例如，教师可以利用各种通信工具，如电子邮件、在线交流平台等，为学生提供即时反馈。当学生完成某项任务或项目后，教师应立即给出反馈，点明学生的优点并指出需要改进的地方，让学生明白自己在哪些地方做得好，哪些地方需要提高，从而有针对性地进行学习和调整。

同步性原则强调教学评价应与教学改革和学科发展同步。教学改革和学科发展是教育进步的重要驱动力，教学评价应能反映新的教学理念和方法，并能适应新的学科知识和技能的评价需求。例如，在信息科技领域，由于该领域的知识更新迅速，对学生的要求也从单纯的知识掌握转为强调创新能力和实践能力的培养。因此，教学评价也应该随之改变，从单纯的知识考核转变为对学生综合能力的评价，如解决问题能力、团队协作能力和创新思维能力等。

二、中小学信息科技教学评价的依据

（一）信息科技核心素养

信息科技核心素养是信息科技教学评价的重要依据。信息科技核心素养是指个体在信息社会必须具备的关于信息科技的知识、技能和态度，主要包括信息意识、计算思维、数字化学习与创新、信息社会责任等，这些核心素养是每个学生必须掌握的基础技能和能力，它们是评估信息科技教学的重要指标。在教学评价中，信息科技核心素养可以作为评价标准，评估学生对于信息科技知识的掌握程度、能力的运用程度以及在具体操作中的熟练程度。这样的评价标准强调的是学生的实际操作能力和创新能力，而非单纯的知识理解和记忆。

通过对信息科技核心素养的评价，可以进一步指导教学。评价结果可以告诉教师学生在哪些方面做得好，哪些方面需要改进，从而调整教学策略，更有针对性地进行教学。以信息科技核心素养为评价标准，也可以更好地培养学生的综合素质，帮助他们适应信息社会的需求。因为这种评价标准不仅仅着眼于技术技能的掌握，而是以全面发展为目标，包括情感态度、价值观、创新思维等方面的培养。

（二）新课标对信息科技教学评价的建议

第一，坚持以评促教的观念。这是指教学评价不仅是对学生学习效果的衡量，更是对教师教学方法、教学进度和教学质量的反馈。评价结果可以帮助教师了解学生的学习情况，从而调整教学内容、方法和策略，提高教学质量。

第二，坚持以评促学的观念。教学评价的目的不仅仅是评定学生的学习成绩，更是激发学生的学习兴趣、积极性和主动性，让学生了解自己的学习情况，明确学习目标，改进学习策略。评价反馈应及时、具体、积极，旨在帮助学生培养自主学习和自我提升的能力。

第三，教学评价应顺应时代发展、技术创新和社会变革，推进教与学方式改革。在信息科技教学中，教师要关注学生的信息素养和技术素养，注重培养学生的创新思维能力和实践能力。教学评价应以学生的核心素养为评价标准，以学生的全面发展为评价目标。

第四，教学评价要加强过程性评价，完善终结性评价。过程性评价主要关注学生在教学过程中的学习情况和学习策略，应贯穿整个教学过程。终结性评价则主要关注学生的学习成果，反映学生对于学习目标的达成度。两种评价方式应相辅相成，共同促进学生的学习进步和发展。

（三）中小学生的心理发展特征与信息科技学习特点

1. 中小学生的心理发展特征

（1）充满独立性和依赖性、自觉性和幼稚性的矛盾。中小学生是一个特殊的学习群体，他们兼具独立性和依赖性。一方面，他们渴望表达自我、探索未知、解决问题，表现出了一定的独立性；另一方面，由于知识储备和认知能力的局限，以及中小学生特有的情绪和行为的不稳定性，他们又在很大程度上依赖于教师的引导和帮助。在这个特殊的阶段，教学评价的方式应该与学生的特性相匹配。首先，评价过程应该充分调动学生的主观能动性，让他们能够积极参与，通过自我评价、同伴评价等方式，实现对自己学习状态的自我认知和反思。其次，教师应该给予及时、恰当的引导和反馈，帮助学生解决在学习过程中遇到的问题，改善他们的学习策略和方法，培养他们的自主学习能力。

（2）逻辑思维逐渐占据主导地位。中小学生的逻辑思维在很大程度上受其认知发展阶段的影响。中小学生的逻辑思维经历了从具体到抽象的过程，具有以下特点。

第一，具体操作阶段（7岁至11岁）：在这个阶段，孩子开始使用逻辑思维来解决具体问题，但对抽象概念的理解还有限。他们的逻辑思维主要体现在具体的操作中。

第二，抽象操作阶段（12岁至成年）：在这个阶段，青少年能够进行抽象思维，他们能够理解并应用一些复杂的概念，如假设推理、反思、策略。

教师可以从以下方面入手来设计适用于不同阶段学生的教学评价。

第一，从评价内容来看，对于小学生，评价应该更多地关注他们的具体操作能力和对基础知识的掌握程度；对于初中和高中生，评价应该更多地关注他们的抽象思维能力和对复杂问题的解决能力。

第二，从评价的反馈方式来看，对于小学生，教师应该使用直观、具象的方式给出反馈，帮助他们理解评价结果；对于初中和高中生，教师可以使用更抽象、复杂的反馈方式，让他们进行自我反思和自我调整。

第三，从评价的目标来看，评价的目标应该是促进学生的逻辑思维能力的发展，通过评价来指导教学，提高学生的思维质量。

（3）思维的独立性与批判性逐渐发展。在面对问题时，中小学生具有一定的独立思考能力，并能在教师的指导下进行批判性研究。但由于他们的思维过程受到个人发展阶段和知识积累程度的限制，所以独立思考深度可能有限，尤其是小学生，可能无法全面和深入地考虑问题。尽管中小学生的思考可能不够深入或全面，但这并不意味着他们的思考是无效的。相反，通过自我探索和发现，学生能够增强自我学习能力，形成自我思考和批判的习惯，这是他们发展独立思考能力的关键步骤。因此，中小学生信息科技教学评价要注重引导学生进行自我评价，引发学生自我反思与改进，促进学生自主发展。

2. 中小学生信息科技学习特点

（1）学生信息科技水平参差不齐。学生的信息科技水平存在显著的差异，特别是在中学生中，这种差异更加明显。有些学生在小学阶段就已经掌握了一些计算机基础知识，他们对信息科技有着强烈的兴趣，思维活跃，可以轻易地吸收课堂知识，并能进行一些课外扩展学习。然而，也有一部分中学生由于种种原因，如家庭或学校的疏忽，以及对计算机接触不足，使他们在信息科技方面的基础知识较少，且很少主动参与课堂活动。针对这种情况，教师需要明确认识到学生能力水平的差异，并为基础相对薄弱的学生提供更多的支持。教师应采用激励性的评价方式，对技术水平较高的学生进行正向激励，以推动他们持续进步。同时，教师也需要鼓励基础较弱的学生努力跟上课程进度，确保他们对信息技术保持热情。这样的评价方式有助于创造积极的学习环境，促进所有学生成长和进步。

（2）学生学习态度差异大。一些学生和家长可能会误认为信息科技学科不如主科那么重要，导致部分人对此学科的关注度不足。这种现象可能使得那些对计算机本身并无兴趣的学生在学习信息科技课程时表现出消极的态度。而利用教学评价这一工具可以帮助学生认识到信息科技学科的重要性。通过适当的评价，教师可以凸显信息科技学科在现代社会中的重要地位，引导学生了解它的实际应用和与其他学科的关联性，以此提升他们对信息科技学科的认识和兴趣。同时，教师可以借助评价来强调信息素养对于未来学习和职业生涯的影响，以此激励学生提高他们的学科核心素养水平。因此，有效的教学评价不仅能帮助学生更好地理解和掌握信息科技学科的知识和技能，还可以提高他们对该学科的重视度。

（四）中小学信息科技课程的目标与任务

1. 中小学信息科技课程的目标

中小学信息科技教学评价的根本目的是帮助学生学习和发展，因此，它必须以教学目标为依据，并秉持着对发展学生个性和创造精神有利的原则。一方面，需要明确教学目标是信息科技教学评价的基础。在设计和实施评价时，教师需要清楚地了解教学目标，包括知识、技能、态度等方面。评价工具和方法也需要与教学目标相对应。例如，如果教学目标是让学生掌握使用某个软件的方法，那么评价就应该反映学生是否能熟练使用这个软件。通过将评价与教学目标对接，可以确保评价是有目的性和指导性的，能反映出学生达到教学目标的程度。另一方面，教学评价应遵循对发展学生个性和创造精神有利的原则。每个学生都是独一无二的，他们有自己的学习方式、兴趣和优势，教学评价应尊重并发展学生的个性。例如，评价不仅要看学生是否掌握了知识和技能，还要看他们是否能将所学应用到实际问题的解决中，是否能创新思考和独立解决问题。此外，评价还要激发和培养学生的创造精神。在信息科技学科中，创新和创造性思维尤为重要，评价应该鼓励学生进行探索和创新，而不仅仅是重复他人的想法。

2. 中小学信息科技课程的任务

教学评价是衡量教学任务完成度的重要工具，它反映了学生是否成功掌握了信息科技课程的基本知识和技能，是否有能力运用信息科技知识去解决实际问题，以及是否培养出创新精神和实践能力。因此，中小学信息科技教学评价要以教学任务为依据实施。

第二节　中小学信息科技教学评价方式的多样化

一、网络考评法

网络考评法，是利用网络评价系统进行在线笔试和上机考试的一种方法。首先，教师通过网络评价系统收集和整理了大量的试题，并将这些试题上传到系统的试题库中。其次，系统依据预设的规则和标准，为每位学生生成一套量身定做的试卷。这种方法实现了试题和试卷的个性化，使得考试更公平、更具有挑战性。当学生完成考试后，系统会自动收集和分析考试数据，形成综合的评价报告，这个报告包括每个学生的得分、错误题目的分析以及个人的强项和弱项。学生通过这些反馈信息不仅可以更准确地了解自己的知识掌握情况，还可以纠正自己的错误知识和习惯，强化正确的学习行为。而对于教师来说，这样的信息能帮助他们及时发现教学过程中的问题，更好地了解学生的学习情况，为下一阶段的教学提供有力的依据。

评价过程在教学中是一个循环往复的过程。教师和学生通过不断的评价和反馈，修正教学策略和学习行为，提高教学质量和学习效果。这个过程就像一个正向的循环，每次迭代都会使教学和学习更加完善、更加有效。

二、电子档案袋法

电子档案袋法是一种独特且卓有成效的评价方法，尤其在中小学信息科技学科中，为教师提供了一种展示和评价学生在学习过程中做出的努力和获得的成就的手段。这种评价方法并非通过传统的测试或问卷来获得评价信息，而是通过追踪和记录学生学习过程中的信息和资料来进行评价。其关键在于学习者的参与，学生参与到档案袋中的信息收集、保存和管理中。

当教师运用计算机技术来辅助档案袋中的资料收集、保存、管理和展示，这就演变成了电子档案袋。以考查学生运用所学知识的能力为例，教师可以利用“小组学习档案袋”来收集学生项目产品创作的计划、作品产生过程的说明、系列作品，以及小组成员的评价和反思，这些内容形象且客观地反映了学生的进步情况、成就以及存在的问题。最重要的是，档案袋的主人——学生，可以从他们自己的档案袋中更全面地认识自己，进一步促进个人发展。

通过对学生的电子档案袋进行分析，教师可以全面地了解学生在运用信息技术解决实际问题上的能力。同时，教师也可以及时发现学生的优点和不足，并对学生在学习中存在的困难和问题进行及时的监控、检测和指导。对电子档案袋中的信息进行及时的分析和评价，使得教师能够了解教学目标的达成程度，从而及时调整教学策略。电子档案袋法的应用步骤如下。

（一）活动准备

在信息科技学科中，通过小组协作和学习档案袋评价，可以创建高效且富有创造性的学习环境。在这种模式下，学生在教师提出的学习任务下自主进行分组，并选出组长。教师在尊重学生选择的同时，也需确保各小组的学习水平大致接近，以维持整体的学习平衡。

教师在此阶段的职责主要是向学生介绍和解释小组学习档案袋评价标准，并通过展示一个典型的、规范的小组学习档案袋，来引导学生制作自己的学习档案袋。在教师的引导和小组内部的交流下，每个小组成员都应对学习任务形成一个清晰的共识，并进行任务的分工。组长的职责是在初步的任务分工后，与小组成员进行讨论和协商，确定每个成员的最终任务，这个过程应尽可能考虑每个人的特长和兴趣。协商结束后，小组通过网络评价系统提交小组制作的学习档案袋计划书。这份计划书应包含制作作品的主题、活动计划、作品构思与设计以及成员任务分工。

教师通过网络评价系统查看每个小组提交的计划书，并及时提供反馈和修改建议。这一阶段的指导将帮助各小组对计划书进行修正和优化，确保每个小组对接下来的任务有明确的计划和策略。

（二）作品制作

在信息科技学科中，作品制作环节是小组合作学习的核心环节。根据先前的分工和所制订的计划，小组成员首先需要针对作品主题进行信息的搜索和整理，其中包括广泛的资料收集和内部的讨论协商。其次，小组成员共同商讨和确定作品的设计方案，此环节要求成员充分运用所学的信息技术知识和技能。在制作过程中，如果遇到疑难问题，小组成员可以通过 BBS（网络论坛）等平台寻求本组其他成员、其他小组成员乃至教师的帮助。最后，小组会通过网络评价系统提交最终的作品。在此过程中，教师的职责是监督了解各组的内部交流情况，并通过网络评价系统查看各小组的学习档案袋。教师不仅要给学习有困难的小组提供解决问题的建议，还要对各小组的学习档案袋提出修改意见，以确保学生能够按照既定目标有效进行学习。

（三）活动评价

第一，各小组应利用网络评价系统汇报小组学习档案袋的制作情况，汇报内容主要包括以下三个方面。首先，项目作品创作的选题、创作思路和技术应用。其次，在制作过程中，素材选用、色彩运用、制作技巧等是如何体现作品主题的。最后，小组开展合作学习活动的过程：活动计划设计、各成员的分工、心得体会。其他小组可以根据汇报小组的汇报提出相关问题，汇报小组成员需要一一进行解答。

第二，其他小组根据汇报小组的汇报和回答问题的情况，以及该小组学习档案袋的制作情况，利用网络评价系统对该小组进行评价。

第三，教师和学生通过网络评价系统浏览其他小组对汇报小组学习档案袋的评价情况。

第四，教师总结汇报小组学习档案袋的优缺点。与此同时，各小组根据其他小组和教师对本小组学习档案袋的评价情况，及时总结并进行修改。

第五，总结反思。首先，小组内部进行互评，公平地审视每个人的贡献，并从中选出两位表现突出的小组成员。其次，小组成员进行自我测试，检查自己对信息技术基本知识和操作技能的掌握程度，识别出自己的弱点，并找到改善方法。再次，小组成员通过网络评价系统进行自我评价和反思，明确了解自己在项目中的优点和不足，从而为下一次的项目做出更好的准备。最后，教师对本次活动进行总结，对表现出色的小组和个人进行表扬，并上传到网络评价系统的学习光荣榜中。

三、观察法

观察法是一种评估学生在信息技术学习过程中的表现的有效方法，其中包括对学生的好奇心、技能、情绪和态度的观察、记录和评估。在进行观察时，教师需要遵循一些基本原则，以确保观察的有效性和准确性。

第一，观察应该在自然和真实的环境中进行。这是因为在自然的环境中，学生的行为和反应更能真实地反映他们的学习状态。此外，教师应该尽量保持观察的隐蔽性，避免学生因为感觉到被观察而改变他们的行为。

第二，教师应该明确观察的重点，确保观察内容和目的的一致性。例如，如果教师的目标是评估学生的信息技术操作技能，那么他们的观察就应该集中在学生使用和操作技术工具的方式上。

第三，教师应该尽量克服个人主观因素的干扰，以保证观察结果的客观性。教师应该详细准确地记录学生的行为和表现，而不应该让个人的主观想法或预期影响他们的记录和评估。

四、利用网络平台评价作品

随着科技的发展，人们可以在越来越多的平台发表自己的言论，如微博、知乎、微信公众号。在中小学信息科技教学中，教师可将学生的项目作品放到特定的平台上，让其他欣赏者对项目作品进行欣赏和评价。

（一）确定网络平台与操作流程

对于中小学信息科技教学评价来说，微信公众号是一种新兴而有力的工具，其流行性以及便捷的评价功能使其深受学生和家长的欢迎。在微信公众号这个平台上，项目作品展示的形式丰富多样，让学生的作品具有更高的吸引力。学生的作品在微信公众号上得到展示，获取一定的阅读量，对他们来说无疑是一种鼓励和激励，从而有利于他们持续的创作。

在中小学信息科技评价过程中，教师可以将网络评价和课堂教学评价相结合。首先，学生完成项目作品的创作后，会进行第一轮评价。这个过程从学生的自我评价开始，然后是小组评价，接着是教师评价，最后是家长评价，这一评价过程有助于学生在项目作品的创作过程中不断反思和进步。在获得多元化评价反馈后，学生会对自己的项目作品进行修订与完善，然后发送给教师。之后，教师将这些项目作品上传至微信公众号进行第二轮评价。由于时间有限，教师可以选择轮流把每位学生的作品上传到微信公众号上。学生在欣赏完微信公众号上的项目作品后，可以进行评价，这一环节可以增强学生的互动性，也使得评价过程更加公开和透明。总的来说，通过微信公众号这个平台，可以实现中小学信息科技教学的有效评价，从而激发学生的创作激情，提升他们的信息技术水平。

（二）网络评价的内容

网络评价系统提供了一种全新的方法来评估学生的项目作品，这种评价通常是多元化的。网络评价的内容可分为三部分，分别是信息科技知识、信息技术基本技能和创作情感。

首先，评价要关注学生在项目作品创作中运用的信息科技知识，包括信息的输入、处理与输出等。其次，评价涉及学生在创作过程中如何有效地选取并运用素材，如何选择恰当的方式来表达自己的思想和观点。最后，评价要关注学生是否能在项目作品的创作中真实地表达出自己的情感，以及他们的观点是否能引起观赏者的共鸣。

微信公众号提供了一个开放的平台，使得每一个学生都可以对项目作品进行评价。但由于每个人的评价能力和水平不同，评价的质量并不能保证。面对这个问题，可以采取如下措施来解决。教师可以利用微信公众号的点赞功能，让学生对他们认为优秀的评价进行点赞。这样不仅可以激发学生参与评价的积极性，可以使优质的评价得到更广泛的认同。同时，教师也可以根据点赞数的多少，保留点赞数前二十的评价，而对其他评价进行隐藏。这一方面可以避免评价的过度扩散，另一方面也可以鼓励学生提出更有深度和建设性的评价。这种方式不仅能够保证评价的质量，还能够引导学生去思考什么是优秀的评价，使他们学会如何更好地评价项目作品，避免评价语言的模式化。总的来说，这种方式有效地结合了网络技术和教育评价，提高了中小学信息科技教学评价的效率和质量。

（三）网络评价的优势

使用微信公众号进行中小学信息科技教学评价有三个主要优点：反馈迅速、内容新鲜有趣以及能够吸引家长参与。

第一，使用微信公众号的教学评价系统可以实现即时反馈。当评价者在微信公众号留下评论时，学生可以立即看到这些反馈并进行相应的完善，而在传统的教学评价中，学生往往需要等待一段时间才能收到反馈。这种延迟可能会导致学生忘记他们最初的创作内容，从而降低他们的学习动力。而即时的网络反馈可以鼓励学生在阅读评论后立即进行修订，这样可以增强他们的学习兴趣并提高他们对信息科技作品的创作能力。

第二，微信公众号能够使教学评价变得更加新鲜有趣。很多学生可能已经习惯了阅读他人的作品，但很少有机会看到自己的作品在公众平台上被人们广泛阅读和评论。当他们的作品被发布在微信公众号上，并接受来自各方的评价时，他们会感到兴奋和满足。此外，微信公众号可以通过添加音乐等元素，使得作品更具吸引力。

第三，微信公众号的教学评价系统能够鼓励家长积极参与。面对传统的纸质评价表，家长可能不太愿意去进行评价。然而，如果他们孩子的作品被发布在微信公众号上，家长就可能愿意参与评价过程，因为这种方式更方便，也更符合现代生活的节奏。此外，家长通过参与评价活动，会改变他们对传统教育方式的认知，从而让他们更主动地参与到孩子的学习过程中。

第七章　面向核心素养的中小学信息科技教学

第一节　核心素养的内涵、特征及分类

一、核心素养相关概念

（一）核心素养的内涵

中国关于核心素养的描述可以追溯到周王朝时期，如“六艺”。虽然各个历史时期的教育家对于核心素养的定义和培养方法不同，但他们的关注焦点和主旨却基本一致，即培养一种可以支撑解决任务和达成目标的高级素养，这种素养在人的发展和生活中有着积极的作用，它是一种综合性的素养。

自 1997 年以来，“素养”这个词开始在教育界被广泛关注。经济合作与发展组织对此进行了专题研究，即 DeSeCo 项目，围绕“素养”的概念进行了深度解读。根据其研究可知，拥有素养的人能够有效解决复杂情况下的问题，能利用特定环境的优势，成功完成任务，从而实现高质量的生活。而所谓的“核心素养”，就是素养中居于核心、至关重要

的部分。在中国，关于核心素养的研究始于2013年并开始建立相应的研究体系，教育界对于核心素养的定义并不完全一致。

在我国，课堂教学内容的改革已经取得了显著的成果。与过去以知识传输为主的教学模式不同，现在的教学越来越关注学生的全面发展，注重知识和技能的综合培养，以及学生精神世界的塑造。这种变化回答了“培养什么样的人”这一根本的教育问题，使学生能够更好地适应社会发展的需求，拥有应对各种社会活动和解决问题的必要素养和能力。因此，在培养学生的核心素养时，既要注重知识的传授，也要关注技能的训练，还要重视学生精神世界的塑造。只有具备了良好的综合素养，学生才能通过各种方式全面发展自身。教育还要着力培养学生的终身学习习惯，以此来为社会的持续和健康发展提供动力。总的来说，当下的教育应该是全面、综合、深入的，重在培养学生的核心素养，从而为他们的全面发展打下坚实的基础。

核心素养被视为个人发展过程中最为重要的一种素养，具有高度的普适性，适用于所有人。这与辛涛的观点有所契合，他认为，核心素养融合了多个领域的知识与技能，可以助力个体发展思维能力，增强解决问题和交际的能力。① 纪鑫琰等人强调核心素养在帮助个体适应信息时代的发展，以及处理陌生情境中的复杂问题上的重要性。② 此外，吴洪成等人认为，核心素养可以提升个体的综合知识水平，增强解决复合问题的高级能力，也能塑造出适应生命成长与发展过程所需的人性能力。③ 不同的学者对于核心素养的理解各有侧重，但在某一方面的观点一致，那就

---

① 辛涛．聚焦学生核心素养推动课程教学更新升级[J].人民教育，2022（9）：27-29.

② 纪鑫琰，李鸿科，赵瑞．基于学科核心素养的信息化教学设计研究[J].中国教育信息化，2022，28（7）：122-128.

③ 吴洪成，朱清兰．核心素养视域下的知识学习及其转化：以高中地理学科为例[J].邯郸学院学报，2023，33（1）：82-89.

是核心素养是一种综合能力的集成，能够培养出全面发展的人。教学活动的实施，旨在培养具备这种综合能力的人才，以此来建立健全的人才队伍体系，推动社会健康和快速发展。

（二）学科核心素养的内涵

在我国，教育部于2014年明确提出需要加速建立学科核心素养体系，以在各个具体学科的教学中进一步发展学生的能力。学科核心素养的提出，实际上是将核心素养与课程体系紧密地联系在一起，使得教师在课程体系中具体培养学生的能力时，可以明确其核心目标，以及如何选择课程内容和教学方法，这是教育培养需求转变过程的重要步骤。[①] 因此，学科核心素养实际上是学科教育的具体表现形式，它代表了学生在完成某一具体学习任务后所体现出的重要能力，是学科教育意义与精髓的主要体现，也是教育工作者在进行课程设计和教学时，需要着重关注和落实的重要内容。[②]

（三）信息科技学科核心素养的内涵

信息科技学科核心素养是对核心素养理念的进一步延伸和具体实施，它的形成和细化需要基于学科本身的特性和需求。[③] 符合信息科技学科特性的核心素养有以下四个：信息意识、计算思维、数字化学习与创新、信息社会责任。这四个方面的核心素养并非相互独立，而是相互补充、相互渗透、相辅相成的。在实际的教学过程中，无法孤立培养这四种素养，而是应当根据教学主题和内容的需要，选择不同的侧重点。换言之，这四个方面的核心素养在不同的教学主题下，由于教学内容的限制，可

① 管叶青．学科核心素养落地的教学机制与路径选择［J］．中学政治教学参考，2023（23）：57-60．

② 欧阳子豪．学科核心素养的融通培养：现实诉求和基本策略［J］．中国教育学刊，2022（2）：34-39，98．

③ 姚保如．小学生信息科技学科核心素养的培养策略研究［J］．电脑知识与技术，2023，19（12）：155-157．

能会有不同的侧重。因此，教师在教学中需要根据教学内容的特点有针对性地安排学习活动，以培养学生在信息科技领域的四种核心素养。

二、核心素养的特征

核心素养作为个体需要具备的一种基本能力或者素质，是其适应未来生活、工作和学习所需的基础。核心素养具有以下三个重要的特征，如图 7–1 所示。

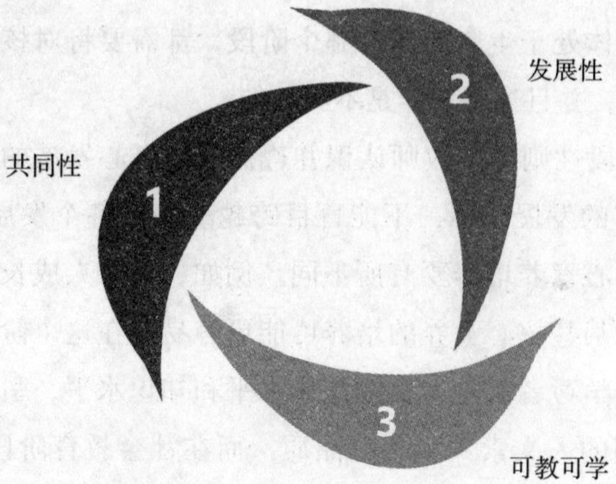

图 7–1　核心素养的特征

（一）共同性

核心素养在确保个人和社会的全面、和谐且独特的发展中起到了不可或缺的作用，它具有广泛的共同性。核心素养的提出是为了推动个人和社会的发展，由于个体的生活环境就是社会环境，因此，核心素养的确立实际上是对整个社会成员的考量。核心素养集合了多种基础且必备的素养，具有普适性，是所有社会成员都需要具备的，这种普适性和共同性使得核心素养成为一个与个体的职业素养相对应的重要概念。也就是说，核心素养是他们在任何情况下都需要具备的基础素养。

（二）发展性

核心素养的另一特性是发展性，其主要体现在两个方面，一方面是连续性，另一方面是阶段性。

首先，连续性意味着核心素养的形成和发展需要很长时间，这是一个终身的任务。在个体的成长阶段，如在学校教育阶段，对核心素养的培养会更为集中和系统。当个体进入社会后，对核心素养的培养并未停止，而是需要在个体主观能动性的主导下，结合社会环境的影响，持续进行。无论个体处于生命周期的哪个阶段，都需要将对核心素养的培养作为重要任务，并且这种培养是不间断的。

其次，阶段性则要求教师认识并遵循学生身心发展的规律，在不同阶段设定适宜的发展目标，不能盲目跨越或颠倒各个发展阶段的顺序，每个阶段的核心素养培养要有所不同。例如，在个人成长阶段，如学校教育阶段，对某些核心素养的培养可能更容易。在这个阶段，学校教育能有效地提升学习者的基本技能操作水平和知识水平，引导价值观的形成，提升他们的人文素养和各种品质。而在社会教育阶段，如工作后，对工作必备技能的培养可能更为容易，如沟通、团队协作、解决问题等技能。

因此，核心素养的发展性贯穿于个体的整个生命周期，需要不断地、持续地对其进行培养，这就需要教育者根据个体的发展阶段和身心状况，设定适宜的培养目标，以此确保每个阶段的核心素养培养都能达到预期的效果。

（三）可教可学

核心素养还有一个特点是可教可学。它既不是先天遗传的，也不完全是后天影响的结果，而是在先天的生理机能的基础上，通过后天的环境影响和教育形成的内在的、稳定的身心特质。

教育是一个有组织的、系统的过程，通过它，可以有目的地培养学习者的核心素养，使他们能够更好地适应社会发展。在设定核心素养的内容时，需要考虑到时代发展的需求以及社会所需要的技能，并据此对学习者提出相关的要求。这些要求并不是无法实现的理想，而是可以通过教育的手段，通过有针对性的课程设计和教学活动，得以实现的目标。换言之，教育者可以通过教育活动来引导和促进学习者的核心素养的形成和发展，学习者也可以通过参与这些活动，主动地培养和提升自己的核心素养。也就是说，核心素养是可教可学的，学习者可以通过后天的努力来提升自己的核心素养，以更好地适应社会的发展。

三、核心素养相关概念分类

（一）核心素养分类

为了培养全面发展的人才，并使其能够适应未来社会的发展，“核心素养”的概念应运而生，这一概念的提出建立在对事物发展规律的理解和认识的基础之上。为了适应 21 世纪的中国学生发展，可以将核心素养划分为三个主要领域，每个领域包括两个关键素养。其中，文化基础领域包括人文底蕴和科学精神两个素养，自主发展领域包括学会学习和健康生活两个素养，社会参与领域包括责任担当和实践创新两个素养。具体如图 7–2 所示。

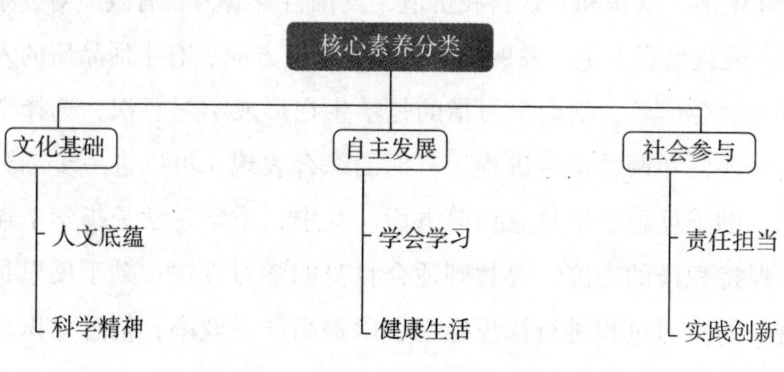

图 7–2　核心素养分类

1. 文化基础方面

文化是人存在的根和魂。文化基础重在强调能习得人文、科学等各领域的知识和技能，掌握和运用人类优秀智慧成果，涵养内在精神，追求真善美的统一，发展成为有宽厚文化基础、有更高精神追求的人。

（1）人文底蕴。人文底蕴是指学生在学习、理解和运用人文学科的知识和技能过程中所形成的基本能力、情感态度和价值取向，主要包括人文积淀、人文情怀和审美情趣等方面。其中，人文积淀是学生对人文知识的理解和掌握程度，人文情怀是指学生对于人文知识的情感投入和价值判断，审美情趣则是学生在对人文知识学习和理解中所形成的美学价值观。

（2）科学精神。科学精神是指学生在学习、理解和运用科学知识和技能过程中所形成的价值标准、思维方式和行为表现，主要包括理性思维、批判质疑以及勇于探究等方面。其中，理性思维是指学生能够用科学的方式思考问题，批判质疑是指学生对于已有知识的怀疑和批判，勇于探究是指学生在学习中具有好奇心和探究精神。

2. 自主发展方面

自主性是人作为主体的根本属性。自主发展重在强调能有效管理自己的学习和生活，认识和发现自我价值，发掘自身潜力，有效应对复杂多变的环境，成就出彩人生，发展成为有明确人生方向、有生活品质的人。

（1）学会学习。学会学习指的是学生在形成学习意识、选择学习方式方法、评估和调整学习进程等方面的综合表现，可以进一步细分为乐学善学、勤于反思、信息意识等方面。其中，乐学善学是指学生在学习过程中保持积极的态度，寻找到适合自身的学习方法；勤于反思是指学生对自己的学习过程进行深思熟虑，以提高学习效率；信息意识是指学生在获取和使用信息方面的能力。

（2）健康生活。健康生活指的是学生在认识自我、身心发展、人生规划等方面的综合表现，具体包括珍爱生命、健全人格、自我管理等方面。其中，珍爱生命是指学生对生命的尊重和珍视，健全人格是指学生的人格完整和健康，自我管理是指学生在管理自己方面的能力。

3. 社会参与方面

社会性是人的本质属性。社会参与重在强调能处理好自我与社会的关系，形成现代公民必须遵守和履行的道德准则和行为规范，增强社会责任感，提升创新精神和实践能力，促进个人价值实现，推动社会发展进步，发展成为有理想信念、敢于担当的人。

（1）责任担当。责任担当是指学生在处理与社会、国家、国际等关系方面所形成的情感态度、价值取向和行为方式。它主要包括社会责任、国家认同和国际理解。

（2）实践创新。实践创新是指学生在日常活动、解决问题以及应对挑战等方面所形成的实践能力、创新意识和行为表现。它主要涵盖劳动意识、解决问题和技术应用。具体来说，劳动意识是对个体劳动价值的认知和接纳，解决问题是指在面对问题和挑战时的思考和解决能力，技术应用是指学生使用现代科技工具来提升效率和进行创新的能力。

（二）信息科技学科核心素养分类

信息科技学科核心素养主要包括四大类，如图 7–3 所示。

1. 信息意识

信息意识是个体处理和评价信息的能力，它主要由三部分构成。一是信息敏锐度。学生在日常生活和学习中，每天都会接触到大量的信息。信息敏锐度指的是学生对这些信息的感知能力，能否迅速识别并对这些信息做出反应。二是信息获取。信息获取不仅指学生能够在大量信息中找到自己需要的信息，还指学生能够通过各种手段（搜索引擎、专业数据库、社交媒体等）有效地获取信息。三是信息价值判断力，其需要学生准确地判断这些信息的真实性、相关性和价值，然后确定它们是否对自己的需求有价值。

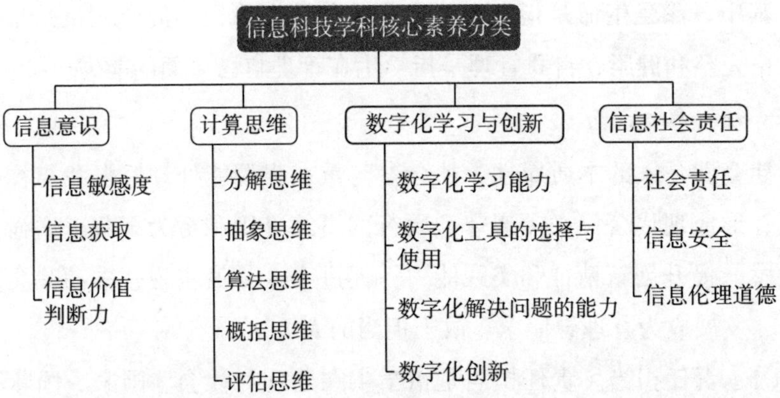

图 7-3　信息科技学科核心素养分类

2. 计算思维

计算思维是一种解决问题和理解世界的重要工具，它将计算机科学的基础原理与思考问题和解决问题的方法相结合。近年来，教育界对此类思维给予了高度重视，并且其内涵也在不断细化。

计算思维主要包含以下五个方面。一是分解思维。其是指将复杂的问题或系统分解为更小、更易于管理和理解的部分。通过将问题分解，学生可以更容易地理解问题的各个部分，并可以独立地处理每个部分。二是抽象思维。其是指从具体的实例中提取出核心特性或规律，从而形成一个通用的概念或模型。抽象思维能够帮助学生理解和解决具有相似特性的不同问题。三是算法思维。其是指设计一系列的步骤或规则来解决特定的问题或完成特定的任务。算法思维让人们能够有效地解决问题，并确保结果的准确性和一致性。四是概括思维。其是指从已有的信息中发现模式，进一步归纳出更广泛的规则和原理。概括思维能够帮助学生更好地理解和预测现象。五是评估思维。其是指对学生的解决方案进行评估，评估内容包括它的有效性、效率和适用性。评估思维可以让学生不断改进自己的方法，以适应不断变化的问题和环境。

3. 数字化学习与创新

数字化学习与创新是现代社会中越来越重要的一种技能，其重点在于使用数字化工具进行学习，并通过这些工具推动创新性成果的形成。数字化学习与创新素养主要包括以下四部分内容。

一是数字化学习能力。其是指学习者能够利用各种数字化资源进行自我学习和自我提升的能力，包括使用电子书籍、在线教育平台等进行学习，利用搜索引擎找到所需信息，使用在线工具进行协作学习等。

二是数字化工具的选择与使用。其是指学习者能够根据需要选择合适的数字化工具，并有效地使用它们，包括使用各种软件和应用程序，使用数字化设备（电脑、平板、智能手机等），并了解如何保护自己的网络安全。

三是数字化解决问题的能力。其是指学习者利用数字化工具和资源解决各种问题的能力。无论是日常生活中的问题，还是工作或学习中遇到的挑战，都需要用到数字化解决问题的能力。

四是数字化创新。其是指学习者利用数字化工具和技术进行创新活动的能力，包括使用数字化工具进行创造性工作，如设计、编程、艺术创作，也包括使用数字化技术推动新产品或服务的开发。

4. 信息社会责任

信息社会责任是指在信息社会中，个体在文化修养、道德规范和行为自律等方面的综合表现。信息社会责任涵盖了以下三个方面。

第一，社会责任。其是指个人在使用、传播和处理信息时，应充分意识到其行为可能对社会产生的影响。在网络社会中，每个人都是信息的创造者、传播者和接收者。因此，每个人都有责任保证所分享信息的准确性和可靠性，尊重他人的知识产权，避免传播有害或有误导性的内容。

第二，信息安全。其主要是指保护个人和他人的数据和信息不受侵犯。在人们日常生活和工作中，越来越多的个人信息和敏感数据被储存在网络中。对此，人们需要采用适当的安全措施，如定期更改密码，不随意点击未知链接，避免在不安全的网络环境下进行敏感操作等。

第三，信息伦理道德。在网络社会中，人们需要遵守一定的道德规则和行为准则。例如，尊重他人的隐私权，不进行网络欺诈或网络霸凌，不散播假新闻或仇恨言论等。

第二节 基于核心素养培养的中小学信息科技教学的原则与策略

一、基于核心素养培养的中小学信息科技教学的原则

为了有效培养学生的核心素养，中小学信息科技教学的开展需要遵循一定的原则，如图 7–4 所示。

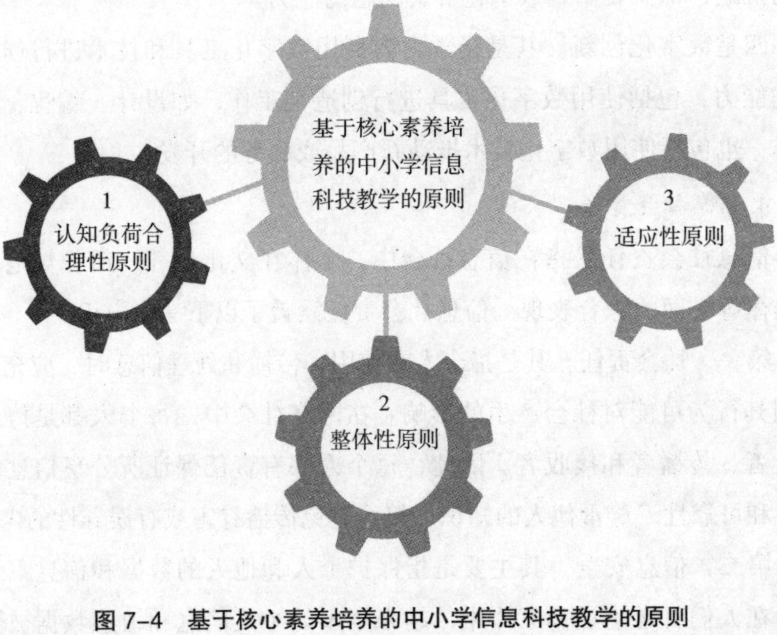

图 7–4 基于核心素养培养的中小学信息科技教学的原则

（一）认知负荷合理性原则

认知负荷理论是研究如何有效地使用人的认知资源以提高学习效果的重要理论。人的认知结构存储容量有限，因此教师需要精心设计教学活动，使学生在有效的认知负荷范围内进行学习。人脑的工作记忆一次只能处理有限的信息，这种限制通常被形象地描述为 7±2 个信息组块。每个组块可以由多条信息组成，如一个单词、一句话或一组有关联的概念。[①] 在学习过程中，教师的任务是以这种有限的容量将新信息编码、储存，并尽可能地将其转化为长期记忆。当教学活动的认知需求超过学生的处理能力时，就会产生过高的认知负荷，导致学生的学习效果下降。过高的认知负荷可能来源于过于复杂的任务、不合适的教学设计或过多的同时处理任务等。因此，教师在设计和实施教学活动时，需要考虑如何管理学生的认知负荷。

一个有效的策略是降低不必要的认知负荷。例如，教师可以通过分解复杂的任务，使学生集中注意力处理其中的一部分，而不是同时处理所有部分。同时，教师也可以利用学生已掌握的知识来帮助他们理解新信息，因为熟悉的信息会占用较少的工作记忆资源。此外，教学应注重提高学生的学习效率，也就是以最少的认知资源获得最大的学习效果。例如，教师可以教授学习策略，帮助学生更有效地管理自己的认知资源；教师可以通过有效的知识组织，如画概念图或思维导图，帮助学生更好地理解和记忆知识。

（二）整体性原则

教学活动是一个综合性系统，由许多相互关联和互动的元素组成，这些元素通常被称为教学元素，可以是教学目标、教学内容、教学方法、教学媒体、学生学习行为等。这些元素之间的相互作用和整体结构共同

① 郝兆杰．认知负荷理论在中小学信息技术教学中的应用研究 [J]．中国教育信息化，2007（24）：8-11.

决定了教学活动的效果。从系统视角看教学，不仅需要考虑教学的各个元素，还需要关注它们之间的关系和互动。在设计和实施教学时，教师要考虑教学活动的整体性。也就是说，教师需要考虑如何整合教学的各个元素，以实现预期的教学目标。首先，教师需要明确教学目标，然后再设计其他教学元素。其次，教师需要考虑如何设计教学内容、教学方法等，以有效地引导学生达到教学目标。最后，教师需要有步骤、有组织地进行教学。在这个过程中，教师需要考虑如何有效地整合这些元素，以实现教学的整体性和一致性。

信息科技核心素养可以被视为一个相互关联的系统，其中各个元素协同工作，形成学习者在完成一定教育经历后所需的技能和特质。在这个系统中，信息科技课程扮演着重要的角色，它既是独立的学科领域，又是其他学科的教学工具，具有教学设计的技术化和教学过程的预设化的特点。从系统整合的角度来看，信息科技课程在教学设计方面具有显著优势，可以帮助教育工作者更方便地进行教学设计。在教学过程中应用整体性原则，可确保教学目标、内容、方法等各个环节的协调和相互连接，从而确保教学活动的高效进行并提高学生的认知能力。教学设计应该从整体性和系统性的角度出发，将信息科技的各个元素整合到教学过程中，以实现更高效的教学效果。这样的教学设计不仅有助于实现教学目标，还有助于培养学生的信息科技核心素养，使他们能够在复杂多变的信息社会中有效地学习和生活。

（三）适应性原则

在教学过程中，学生在计算机使用频率、知识水平以及学习环境等方面存在显著的差异，这导致他们对信息科技学科的了解有着明显的差别。在教学中，教师应考虑到学生的这些差异，进行分层次的教学，以适应学生的个性化发展需求。分层教学是一种基于学生的基础知识、潜力、学习兴趣等方面的差异，设计出不同层次教学活动的教学方式，这种方式鼓励所有层次的学生积极参与教学活动，使他们都能在教学过程中找到适合自己的位置，从而提高教学效果和学生的学习兴趣。这种教学方式的实施需要教师具有敏锐的观察力和灵活的教学策略，能够准确识别出每个学生的特点和需求，并对教学活动进行适应性的调整。只有这样，才能真正做到因材施教，提高每个学生的学习效果，培养他们对信息科技学科的兴趣。

分层教学是一个巧妙的教学策略，它主要在教学目标层级、课堂互动层级和应用实践活动层级进行分层。在这种教学形式中，每个层级都对应着不同的学习要求和内容，满足了不同层次学生的学习需求。在设计教学目标时，教师需要结合课程标准以及学生的个体能力，以确保每个学生都能够达到教学目标。例如，基础层次的目标是理解和掌握基本的知识，并能做一些简单的试题；中级层次的目标在基础层次的基础上增加了难度，要求学生能够在复杂的情境中运用所学的知识；高级层次的目标则更加具有挑战性，要求学生不仅能够在复杂的情境中解决问题，还能够灵活运用信息科技知识，对所学的知识进行深度的理解和扩展。通过这种方式，教师可以根据学生的能力和进度进行有针对性的教学，帮助他们逐步提升自己的知识水平和运用能力。同时，这种方法也能够激发学生对信息科技学科的兴趣，使他们能够在学习的过程中找到乐趣，提高他们的学习积极性。

二、基于核心素养培养的小学信息科技教学的具体策略

（一）精心挑选教学素材，激发学生学习兴趣

兴趣是学习的动力。学生的学习兴趣可以激发他们的好奇心，推动他们主动探索和学习。因此，在中小学信息科技教学中，教师需要充分关注和利用这一点，以调动学生的学习积极性。首先，教师在备课时应充分考虑到学生的兴趣和偏好，选择一些学生感兴趣的主题或素材，或者在教学方法上采用一些能引起学生兴趣的方式。例如，教师可以用做

游戏、讲故事、做实验等形式，让学生在轻松愉快的氛围中学习，这不仅可以提高学生的学习兴趣，还能提高他们的学习效率。其次，教师需要合理整合教材内容，从而更好地适应学生的学习需要，如对教材内容进行改编、调整、扩展。在此过程中，教师应注重从学生的实际出发，尽量让教学内容和学生的生活经验、兴趣爱好相结合，以增强学生的学习兴趣。最后，教师应以此为基础，为学生的核心素养培养奠定基础。这是因为学生的学习兴趣不仅可以帮助他们更好地掌握知识，还可以促进他们发展各种核心素养，如思维能力、解决问题能力、创新能力等。这样，学生不仅能在学校里学到知识，还能在学习过程中发展他们的能力，为他们未来的生活和工作做好准备。

在教授小学信息科技课程“复制、粘贴和剪切”这类基础指令的知识时，要想真正激发学生的学习兴趣，可以重新构想并整合教材内容，将具有吸引力的小故事贯穿教学过程始终。举个例子，教师可以构建一个富有趣味性和互动性的故事，其中的主角是小学生所熟知的猫和老鼠。在这个故事里，教师可以让老鼠和猫成为复制和粘贴指令的操作对象。想象一下，当老鼠遇到猫时，它会显得非常害怕并迅速逃跑。在这个环节，教师可以引导学生运用剪切将老鼠“剪切”出原始位置，然后使用粘贴将老鼠“粘贴”到另一个安全的房间。接着，教师可以引导学生利用复制指令，在新的房间里复制出更多的老鼠。这样的教学方式让学生在操作中真实感受到信息技术的魅力，并在轻松的氛围中获得知识，实现了教学的目标，充分体现了寓教于乐的教学理念。通过重新组织教材内容，设计具有故事性的教学活动，实际上把培养学生的信息科技核心素养落实到了课堂实践中，让学生在轻松愉快的氛围中掌握了基础技能，也提高了他们对信息科技学习的兴趣。

（二）组织小组合作学习，凸显学生学习自主性

在教育实践中，小组合作学习是一种常见的教学手段，它在操作性

较强的信息科技教学中显得尤为重要。信息科技学科相比其他学科，教学难度大，实践性强，与生活和其他学科关联性较强。对于中小学生来说，他们的计算机操作基础和技能掌握程度存在一定差异。新课程结束后，一部分学生能够熟练应用新技能，而另一部分学生会感到困惑，他们可能因为怕丢脸而不愿向同学求助。如果这种情况持续下去，那些在信息科技课上遇到困难的学生将变成学习困难生，他们与技能掌握熟练的学生之间的差距将越拉越大。为了避免这种情况，教师需要及时发现并采取有效措施，以小组合作学习的方式来缩小学生间的差距。在此过程中，教师需要对学生进行合理分组，每个小组内应包括计算机基础扎实的学生和计算机基础较弱的学生，这样技术娴熟的学生就可以在实践中指导和帮助技术欠缺的学生，使他们掌握新技能。在这种情况下，每个学生都有机会参与到学习活动中，实现在学习过程中的互动和共享。通过合作学习的方式，学生在实践中不断尝试、犯错误，并从错误中学习，这对于提高他们的解决问题能力和独立思考能力非常重要。[①] 而且，在这个过程中，学生不仅会提升自身的信息技术技能，还能学会如何与他人合作解决问题，这是 21 世纪人才所必备的关键技能之一。

以小学信息科技课程“制作幻灯片”的教学为例，教师可以设定一个主题，如“我的校园”，让学生进行设计与创作。完成初步设计后，教师将学生分组，引导他们合作进行更深入的探索与创作。在小组内，学生可以自行分工，各取所长，如有的学生负责收集和整理有关教室的素材，有的学生负责收集和整理有关食堂的素材，还有的学生负责收集和整理有关操场的素材。在广泛收集和整理素材后，他们将这些材料整合制作成“我的校园”幻灯片。当将小组合作完成的幻灯片与学生个人制作的幻灯片进行对比时，学生往往会发现，集体智慧的结晶——合作

① 樊成锦．初中信息科技教学中如何有效实施合作学习[J]．智力，2023（6）：21-24.

完成的幻灯片，往往比个人作品更具深度和完整性。这种体验不仅让学生深刻了解并体验到合作学习的魅力，还让他们明白每个人都是学习过程中的主体，每个人都是不可或缺的。这样的小组合作学习既凸显了学生的主体地位，使他们能够积极参与到学习过程中来，又培养了他们的团队协作能力；不仅使学生的信息技术水平得到了提升，还提升了学生的团队协作和沟通能力，使学生了解和体验到集体合作的力量。

（三）理论实践并举，达到学以致用的目的

学习信息科技课程的目的是能够运用所学知识来解决实际问题。这意味着教师需要在教学过程中平衡理论知识的传授和实践应用的训练，除了教授学生如何使用计算机进行绘图、打字、制作幻灯片、制作电子小报等基本技能外，还需为学生提供丰富的实践机会，让他们在实际操作中深入理解和应用课堂所学知识。学习信息科技课程的过程，就像是在探索和实践中不断推进，理论和实践应该并行而非割裂。从书本上学到的知识固然重要，但是要真正掌握这些知识，深化理解，通过实践才能实现。对于信息科技这类实践性较强的学科，更应强调实际操作的重要性，培养学生的实践能力和应用意识，从而帮助他们将理论知识转化为实际应用的能力。教师应定期组织实际操作考核，以确保学生真正理解和掌握所学的理论知识，并能够熟练运用。

例如，每次上课时，教师可以询问学生今天的天气、温度等，很多学生可以快速回答问题，因为他们会不由自主地打开浏览器通过搜索引擎查看今日的天气情况。通过这样的方式，可以潜移默化地锻炼学生运用所学的信息科技知识对信息进行筛选、获取及分析的能力，从而达到学以致用的目的，这恰恰是培养学生信息科技核心素养的关键。

（四）创设教学情境，提高教学效率

教学情境是指教师在教学过程中，利用各种手段和方法，创造让学生有身临其境感的环境或情境。创设适当的教学情境，可以引发学生的

学习兴趣，激发他们的学习动机，提高他们的学习效果。以下是一些常见的教学情境的类型。[①]

一是生活情境，这是将学习内容和日常生活相结合的一种情境，这种情境可以使学生更好地理解和掌握学习内容。二是虚拟情境，这是一种借助现代信息技术创设的模拟情境。例如，在教授信息科技课程时，教师可以利用虚拟现实技术，创建虚拟的信息科技环境，让学生在其中进行探索和学习。三是实验情境，即让学生通过动手做实验，观察实验结果，理解其中的原理。例如，在信息科技教学中，教师可以让学生模拟小型的网络环境，包括配置路由器、设置网络地址、安装和配置服务器等。四是游戏情境，即在教学过程中引入游戏元素，设置一些有趣味性的游戏，这样可以提高学生的学习兴趣和积极性。

在中小学信息科技教学中，教师要从学生的实际情况出发，创设相应的信息科技情境，用计算思维来增强学生对信息科技知识的再创新能力，从而提升学生的信息科技核心素养。例如，在教授小学生“定位和平移滑动”指令的过程中，教师可以创设生活情境，让学生感受到信息科技知识并非遥不可及的理论概念，而是与日常生活紧密联系的实用工具。首先，教师可以选取学生在体育课上投篮的视频作为教学的素材。在播放视频的过程中，教师可以逐步介绍定位和平移滑动的概念和应用场景，如将篮球在空中的运动路径定义为“平移”，而将每个特定的投篮位置定义为“定位”。其次，教师可以引导学生利用这些指令来对篮球的运动路径进行模拟。学生可以通过调整定位点和平移的方向、距离来复现投篮的整个过程。这样的动手实践不仅能够加深学生对定位和平移滑动指令知识的理解，还能够激发他们对信息技术学习的兴趣。这样的教学方式能够让学生了解信息技术在记录和展现生活方面的巨大作用。

---

① 赖瑞虹．情境教学法在小学信息技术教学中的应用[J].当代家庭教育，2022（1）：186-188.

通过对体育课上的一次投篮进行模拟，学生能够看到信息技术如何帮助人类详细地记录和展现生活中的每一个瞬间。其有助于学生更好地了解信息技术的价值，还能够培养学生将理论知识应用到实际生活中的能力。

参考文献

[1] 庄小云 . 信息技术教学与创新 [M]. 广州：广东人民出版社，2018.

[2] 仝姓羽，李虎，徐雪瑞 . 中学信息技术教学探索与实践 [M]. 长春：吉林人民出版社，2021.

[3] 王玉英 . 中学信息技术教学实践与探索 [M]. 北京：中国书籍出版社，2019.

[4] 邱桂香 . 基于学科核心素养的信息技术教学实践研究 [M]. 沈阳：东北大学出版社，2019.

[5] 邓卓越 . 极简教育技术在初中信息科技课程教学中的应用研究 [D]. 延安：延安大学，2023.

[6] 赵新宇 . 乡村小学信息科技课程实施现状与策略研究 [D]. 沈阳：沈阳师范大学，2023.

[7] 周雨 . 基于 STEM 教育理念的小学信息科技课程教学设计与实践研究：以 Scratch 编程教学为例 [D]. 石河子：石河子大学，2022.

[8] 卫同贤 .E 市某区农村中小学信息技术教育的现状调查及对策研究 [D]. 黄冈：黄冈师范学院，2019.

[9] 王启天 . 临县中小学信息技术教育现状及对策研究 [D]. 临汾：山西师范大学，2018.

[10] 万艳辉 . 岳阳市城区初中信息技术教育管理优化研究 [D]. 岳阳：湖南理工学院，2017.

[11] 赵静 . 高中信息技术实践课教学的行动研究 [D]. 哈尔滨：哈尔滨师范大学，2017.

[12] 刘敏学 . 基于具身认知理论的初中信息科技课堂教学活动设计研究 [D]. 沈阳：沈阳师范大学，2023.

[13] 彭希悦 . 外在认知负荷视角下初中信息科技课程任务驱动式教学策略设计 [D]. 沈阳：沈阳师范大学，2023.

[14] 周天 . 暗示教学法在初中信息科技课程项目式教学中的应用研究 [D]. 沈阳：沈阳师范大学，2023.

[15] 杨晓萱 . 基于 C-POTE 模型的初中信息科技跨学科主题教学设计与实践: 以《向世界介绍我的学校》为例 [D]. 沈阳: 沈阳师范大学，2023.

[16] 李南萱 . 计算思维导向的小学高年级图形化编程教学设计与实践 [D]. 沈阳：沈阳师范大学，2023.

[17] 郑玮琪 . 面向问题解决的初中信息科技对分课堂实践研究 [D]. 沈阳：沈阳师范大学，2023.

[18] 王齐悦 . 区县初中信息科技教师智能环境下评价能力的调查研究：以 31 所学校为例 [D]. 沈阳：沈阳师范大学，2023.

[19] 徐姝宁 . 初中信息科技课程教学中学生自主学习能力培养的策略研究 [D]. 沈阳：沈阳师范大学，2023.

[20] 辛美萱 . 基于泛在学习的初中信息科技教学模式研究 [D]. 沈阳：沈阳师范大学，2023.

[21] 高凯 . 以设计思维构建核心素养培养的教学活动应用研究：以小

学信息科技课程为例 [D]. 大连：辽宁师范大学，2022.
[22] 刘宇 . 面向有效教学的初中信息技术课程分层教学设计研究 [D]. 沈阳：沈阳师范大学，2022.
[23] 陆思媛 . 面向数据素养培养的初中信息科技课程项目式学习设计与实践 [D]. 上海：华东师范大学，2022.
[24] 陈傲云 . 基于互动平台下的初中信息科技翻转课堂教学设计研究 [D]. 上海：上海师范大学，2019.
[25] 徐顺芹 . 基于 5E 教学模式下高中信息科技概念学习的实证研究 [D]. 上海：上海师范大学，2019.
[26] 胡伟 . 小学信息科技学科项目活动的设计研究 [D]. 上海：上海师范大学，2018.
[27] 王佩佩 . 基于 Articulate Storyline 的交互式教学实践研究：以三年级信息科技概念课程为例 [D]. 上海：上海师范大学，2018.
[28] 丁美丹 . 探究式学习模式促进初中生信息科技概念学习的应用研究 [D]. 上海：上海师范大学，2018.
[29] 郭锴琪，曹殿波，邓洁，等 . 新课标背景下义务教育信息科技课程的育人目标实现策略 [J]. 教学与管理，2023（21）：94–99.
[30] 胡卫俊 . 信息科技新课标的育人哲学与教学表达 [J]. 教学与管理，2023（20）：44–47.
[31] 荆丽萍，丛宝新 . 信息科技课堂教学中的德育教育 [J]. 黑龙江教师发展学院学报，2023，42（6）：122–124.
[32] 仇森，郭芳，黄荣怀 . 基于信息科技课程标准的资源开发：原则、思路和路径 [J]. 课程 · 教材 · 教法，2023，43（6）：133–138.
[33] 马涛 . 人工智能教育教学新要求：基于信息科技新课标的认识 [J].

中国现代教育装备，2023（10）：5-7.

[34] 许舟洋 . 项目式教学法在初中信息科技课程中的应用 [J]. 西部素质教育，2023，9（10）：153-156，170.

[35] 赖桂婵 . 小学信息科技课堂学习任务的分层设计与实施 [J]. 科学咨询（教育科研），2023（5）：247-249.

[36] 贾艳霞，许红霞 . 初中信息科技实施 Python 编程教学的策略与思考 [J]. 中国新通信，2023，25（9）：122-124.

[37] 郝杏丽 . 小学信息科技学科教学中核心素养的培养策略 [J]. 科教导刊，2023（13）：125-128.

[38] 江苏 . 信息科技课程跨学科主题教学的原则、过程与评价方法 [J]. 教师教育论坛，2023，36（4）：67-69.

[39] 吴兵，付娜 . 数字平台助力下小学信息科技过程性评价模式的数字化探究 [J]. 中国新通信，2023，25（7）：77-79.

[40] 张洪美 . 基于核心素养的“互联网 +”环境下信息科技教学研究 [J]. 中国新通信，2023，25（7）：140-142.

[41] 彭少霞 . 新课标背景下初中信息科技计算思维的培养策略 [J]. 中国现代教育装备，2023（6）：37-39.

[42] 李名，张静，李瑞萍，等 . 基于 U 型学习的信息科技课程教学设计研究 [J]. 电脑知识与技术，2023，19（7）：125-128.

[43] 吴砥，郭庆，李环，等 . 义务教育信息科技课程核心素养的内涵解析、价值定位与培养策略 [J]. 课程·教材·教法，2023，43（3）：146-153.

[44] 陈韵洁 . 小学信息科技教学中人工智能的合理运用 [J]. 亚太教育，2023（4）：34-37.

[45] 熊璋，李正福 . 义务教育阶段信息科技课程建设路径研究 [J]. 中国电化教育，2023（1）：127–132.

[46] 付新华 . 跨学科开展信息科技课堂教学探索 [J]. 河南教育（教师教育），2023（1）：84.

[47] 杨云 . 工匠精神视域下中小学信息科技学科在线教学实践研究 [J]. 吉林省教育学院学报，2022，38（12）：107–111.

[48] 陈建猛 . 知新智慧课堂在初中信息科技教学中的应用：基于新课标视域 [J]. 亚太教育，2022（24）：15–17.

[49] 钟积锋 . 以微课为基础的小学信息科技教学优化策略 [J]. 亚太教育，2022（23）：8–11.

[50] 任友群，黄荣怀，熊璋 . 从信息技术到信息科技：关于《义务教育信息科技课程标准（2022 年版）》的对话 [J]. 课程 · 教材 · 教法，2022，42（12）：21–31.

[51] 黄文慧，刘学敏 . 在《初中信息科技》教学中培养高阶思维的研究 [J]. 中国新通信，2022，24（22）：115–117.

[52] 毛文意 . 初中信息科技校本课程设计实践探索：评《IB 课程视野下的初中信息科技校本课程建构》[J]. 中国油脂，2022，47（10）：161–162.

[53] 王英燕 .“互联网 +”背景下核心素养在小学信息科技课程课堂教学实施策略的研究 [J]. 中国新通信，2022，24（12）：128–130.

[54] 张瑜 . 信息科技学科教学的分组形式之比较研究 [J]. 现代信息科技，2019，3（13）：197–198.

[55] 林胜蓉 . 运用信息技术探索小学心理健康教育模式 [J]. 华夏教师，2022（23）：40–42.

[56] 吴建 . 浅谈小学信息技术课堂如何融入中华传统文化教育 [J]. 文化创新比较研究，2022，6（27）：158-161.

[57] 牟敏 . 论如何在小学信息技术教学中有效渗透德育教育 [J]. 才智，2020（13）：3.

[58] 曾勇东 . 在小学信息技术教学中有效渗透德育教育 [J]. 科学咨询（教育科研），2019（9）：68.